精神分析的アプローチ
の理解と実践

アセスメントから介入の技術まで

吾妻　壯

岩崎学術出版社

はじめに

　本書は，精神分析的アプローチの臨床場面での実践方法を論じたものである。精神分析の考え方に魅力を感じている臨床家の日々の実践の助けとなるような内容を目ざした。

　精神分析は，フロイトおよび彼に影響を受けた多くの精神分析家たちが，膨大な臨床経験をもとに作り上げてきた実践の方法である。精神分析は，精神病理学のための理論的枠組みとしても大変有用であり，さらには哲学や文学などの人文科学諸分野においてもしばしば重要な参照枠とされている。

　しかし私は，精神分析の本領はやはり臨床実践にあると考えている。精神分析を行うための方法は，日々の臨床経験の中でこそ作られ，洗練されるものであろう。本書では，理論的なことには深入りしすぎずに，臨床場面における精神分析的な実践の方法に焦点を当てて論じている。サイコセラピー（精神療法，心理療法，セラピー）の実践に携わる精神科医や心理士など，臨床実践に携わる方々に広く読んでいただければ幸いである。

　ところで，精神分析の臨床というと何を連想するだろうか。精神分析を専門としない日本の精神科医や心理士に精神分析について聞いてみると，精神分析に関するイメージとしてしばしば返ってくるのは次のようなものである。すなわち，膨大なフロイトの著作，難解な理論，カウチの後ろに座りほとんど何も言わない分析家，厳密な解釈技法，禁欲的な臨床スタイル，過酷な訓練，などなどである。同じようなイメージを持っている方も少なくないだろう。

　私のイメージは若干異なる。それは，私が米国で訓練を受けたことと

関係しているかもしれない。私は2000年から2009年まで米国のニューヨークにおいて精神科臨床および精神分析を学び，実践してきたが，彼の地においては，精神分析的な観点は，臨床現場における重要な観点の一つとして日常的に取り上げられていた。

　ここで少し，米国における精神科の卒後訓練について述べよう。米国では，精神科医になるためには，厳しい系統的な卒後訓練（レジデンシー・プログラムと呼ばれている）を受けなければならない。内科，外科，精神科などの専門医を養成するためのレジデンシー・プログラムは，ACGME（Accreditation Council for Graduate Medical Education：卒後医学教育認可評議会）という組織によって認定されていなければならない。ACGMEは，精神科医にとって必要な知識とスキルを4年間の間に系統的に習得させるように各プログラムに命じているが，その中には，精神分析的セラピーのケースをスーパーヴィジョン下にもつことが含まれている。

　米国の精神科というと，日本ではDSMにもとづく記述的な精神医学のイメージが強いかもしれない。確かに，DSMの言葉を用いて系統的に診断を行い，誰にでも分かるようにカルテを記載し，同僚とディスカッションすることのできる能力を磨くことは重要視されていた。

　しかし，米国で一番大切にされていたのは，何をおいても患者の話を丁寧に聞くことであった。そのような姿勢なしに，DSMをチェックリストのように用いて診断をしようとしたり，性急に薬物を処方しようとしたりすることは，強く戒められていた。米国の精神科臨床がマニュアル臨床だとするのは，その一面にのみ焦点を当てた思い込みである。米国の現実の精神科臨床は，地道な基礎能力を驚くほどに重視しており，その程度は日本で想像されているよりも徹底したものである。

　私は，このACGME認定の精神科レジデンシー・プログラムをニューヨーク市内の大学病院で修了したが，そこでの精神科教育は，患者との関わり方，診断的面接の行い方，そしてセラピーの習得に力点が置か

れたものだった。そしてセラピーの中でも，精神分析的アプローチに最大の力点が置かれていた。その当時すでに精神分析は以前の勢いを失っていたが，それでも精神分析的な考え方は重視されており，何よりも敬意をもって扱われていた。特に，私が研修を受けたニューヨークは歴史的に精神分析的アプローチが盛んな地域であったため，サイコセラピーの中でも精神分析的アプローチが自然とその中心になっていた。レジデンシー・プログラムが与えてくれる機会だけでは飽き足らず，レジデンシーの間にニューヨーク市内の精神分析研究所で本格的な精神分析の訓練を始めるレジデント（レジデンシー・プログラムで訓練を受けている医師）も稀ではなかった。私も，精神分析の訓練をレジデンシーの間に開始している。

　レジデンシー中のセラピーの訓練は，日本において時々見られるように，座学中心のものではない。もちろん基本的な文献の購読の時間もあるが，それよりもはるかに重視されていたのは，実際に症例を持ってセラピーの経験を積んでいくことだった。私が本格的なセラピーの症例を初めて持ったのは，レジデンシー2年目であった。私はある患者を相手に，週3回，1回45分のセラピーを開始した。私はその症例を精神分析的に理解しようと努め，その症例のスーパーヴィジョンを毎週受けていた。振り返ってみれば，そのセラピーは精神分析的セラピーとしての完成度は低いものだったように思うが，それでも大変良い経験となった。私の同僚たちもまた，同じように精神分析的なセラピー症例を持ち，スーパーヴィジョンを受けていた。

　生物学的精神医学の発達した今日でも，米国では，すべての精神科医が，程度の差こそあれ，精神分析的アプローチを何らかの形で学んだ経験を持っている。もちろん，かつての米国でそうであったようにサイコセラピーと言えば精神分析的なセラピーのことであるという時代は終わり，今日では認知行動療法など，他の種類のセラピーも広く行われるようになっている。しかし，すべての精神科医が学ぶべき基礎的技術の一

つとして，精神分析的アプローチの位置づけは依然として確かなものである。

　私は米国では精神科医としての訓練を受けたため，米国における心理士のトレーニングについては残念ながらあまり詳しくは分からない。しかし，米国の主要な教育病院には心理士のインターンシップ・プログラムがあるところが多く，私がレジデンシー・トレーニングを受けた病院にも心理士のインターンシップ・プログラムがあった。心理インターンとは，精神科病棟や精神科外来でよく一緒に仕事をした。精神科レジデンシーの間に受ける講義の中には，心理士のスタッフによって行われるものもあった。精神分析の訓練中は，さらに多くの心理士と一緒になった。その中でさまざまな心理士の話を聞く機会があったが，米国では心理士の訓練も精神科医の訓練と同様に，あるいはそれ以上に，患者の話をいかに丁寧に聞くかということについての地道な訓練の積み重ねであるということだった。そして訓練の際にはやはり，精神分析的な臨床の実践によって蓄積されてきたノウハウが尊重されていたようであった。

　米国における精神分析を取り巻く状況について述べたが，日本における状況とは大きく異なると思う。日本では，多くの臨床家にとって，精神分析は難解で厳しく，日常の臨床とは遠いもの，非日常的なものである。確かに精神分析理論は難解である。フロイトの著作は，そのどれを取っても，どの部分を取っても，読みこなすのは至難の業である。のみならず，フロイトに続く多くの分析家たちの書き残したものの中にも，安易な読解に馴染むことのない難解なものが少なくない。さらに，そこに描かれている世界は手に取ることのできる事象の背景に広がる無意識の世界であるため，精神分析の著作の読者は，自らの日常を離れて非日常的な感性に身を委ねなければならない。精神分析は，確かに難解であり，非日常的な側面を持っているのである。

　しかし，精神分析のこの側面にのみ注目してしまい，精神分析を，難解で実践不能な机上の理論だと結論付けてしまうとしたら，なんと惜し

いことだろう。そのような結論付けは性急にすぎると思う。

　精神分析の実践には確かに高度な知性が求められる。しかしそれは一番大切なことではない。それよりも，繊細な情緒的感受性をセラピストが兼ね備えていることの方が重要である。精神分析の実際の面接の中では，患者に専門用語を用いて話しかけるわけでも，理解が難しいような内容を伝えるわけでもない。実際には，一見普通の話をしているように聞こえるほどの自然さを保ちながら，患者の情緒的世界に触れるような言語的なやり取りをすることが大切である。

　また，精神分析的アプローチには，週4-5回の精神分析が含まれるだけではない。それ以外にも，週1-2回程度の面接を持つ精神分析的セラピーおよび精神分析的理解にもとづく支持的セラピーも含まれる。これらを合わせると，精神分析的アプローチと日常臨床の距離はそれほど遠いものではない。

　本書で私が目指したのは，今述べたような広い意味での精神分析的アプローチが，日々の臨床実践のために現実的な助けとなるということを示すことである。その上で，さらに興味がある方には本格的な精神分析への導入となるような内容にも触れるようにした。

　本書では，特に精神科外来におけるセラピーおよび各種のセラピー・オフィスにおけるセラピーを念頭に置いており，精神科の入院治療についてはあまり触れていない。入院中の精神分析的セラピーは外来におけるセラピーとは異なる独特の理解と技術を要するからである。入院中の精神分析的セラピーの優れた報告も多数あるので，そちらを学びたい方はそのような報告に当たっていただければと思う。

　本書は三部から成り立っている。第一部はセラピーに関する基本的な内容を扱っている。1回45分ないし50分の時間をとって行うセラピーの経験が全くない方，および，そのような経験が多少はあるもののセラピーを精神分析的にするにはどうしたらよいのかが分からないという方を念頭に書いている。精神分析的セラピーの経験がすでにある程度ある

方は，第二部から読み始めてもよいかもしれない。第二部では精神分析的アセスメントについて，そして第三部では精神分析的セラピーの基本と方法について論じている。基本的な事柄を中心に述べているが，一部発展的な内容も扱っている。丹念に追って行けば十分に理解可能なように書いたつもりであるが，章によって難易度に若干ばらつきが生じることは避けられなかったのでご了承いただきたい。

　各章の概略は以下のようになる。第一部は4つの章から成り立っている。第1章では，精神分析の考え方を用いるということにはさまざまな可能性があることを示している。カウチを用いた本格的な精神分析以外にも，さまざまな治療法があるという考え方を紹介している。第2章と第3章では，精神分析的アプローチを特徴づける基本的な諸概念について概観している。第4章では，本格的なサイコセラピーを始めてみることの重要性について述べている。精神分析の習得にあたっては，座学ではなく実践こそが重要であるから実践をしてみないことには何も始まらないのだが，それをいかにして可能にするのかを論じている。その上で，第二部に入る。第二部は3つの章から成り立っているが，いずれの章も精神分析的アセスメントについて論じている。第5章では，精神分析的セラピーを開始するまでの手続きを，精神分析的アセスメント面接の提案および実施，そしてセラピー構造の提示という一連の流れとして論じている。第6章と第7章では，精神分析的アセスメントの具体的なポイントについて述べている。網羅的であることよりも，重要であってもあまり取り上げられることのない事柄について触れることを心掛けた。第三部の最初の章である第8章では，実際に精神分析的セラピーを行っていく際の基本的な心構えを取り上げる。続いて第9章では解釈の技術について論じている。主に米国精神分析の中での議論を参考にしながら，解釈の技法の要点を説明している。解釈を生み出す際の発想の由来を，伝統的な精神分析理論の枠組みを十分に参照しながら説明するように心掛けた。第10章，第11章は，やや発展的な，そして挑戦的な内

容となっている。精神分析的セラピーにおいて，近年解釈と共に，あるいはそれ以上に重要だと考えられるようになっているプロセス的側面の扱いについて述べている。ここでは，用いることのできる技法の幅を広げることを目指しているが，これらの章には発展的な内容も含まれているため，初学者には少し取り組みにくいかもしれないが，参考にしていただければと思う。

目　次

はじめに　iii

第一部　セラピーを始めるために

第1章　精神分析的アプローチの多様性
　　　　――精神分析から支持的セラピーまで　3

第2章　精神分析的アプローチを理解する①
　　　　――構造化　18

第3章　精神分析的アプローチを理解する②
　　　　――無意識の探究と支持的要素　33

第4章　セラピーを始めてみる　46

第二部　精神分析的アセスメント

第5章　精神分析的セラピーへの導入としての精神分析的アセスメント　63

第6章　精神分析的アセスメントのポイント①
　　　　――自我心理学の枠組みから　86

第7章　精神分析的アセスメントのポイント②
　　　　――関係性，発達歴，その他　105

第三部　精神分析的セラピーの基本と方法

第8章　精神分析的セラピーの基本　127

第9章　解釈の技術　146

第10章　精神分析的治療における介入の多様性　　*175*

第11章　プロセスについての介入　　*194*

文　　献　*213*

あとがき　*217*

索　　引　*221*

第一部
セラピーを始めるために

第1章　精神分析的アプローチの多様性
──精神分析から支持的セラピーまで

精神科の日常臨床と精神分析

　ある忙しい精神科臨床の現場を想像してみよう。朝外来開始時間前に診察室に向かうと，外来スタッフからすでに何人もの患者が待っていると教えられる。その中には今日再診することになっていた患者以外に，しばらく診察をしていなかった患者の名前も見える。先週調子の悪かった患者が今週はどんな様子で現れるのか，気になるところだ。臨床の面白さを実感しつつも，患者の長いリストを目の前に，一息つけるのは一体いつになることやらと気が重くなるかもしれない。

　これだけでもすでに大変だが，外来によっては，それに初診の患者が加わることになる。しかも初診患者の数に制限がなく，その日たまたまたくさん初診患者がいたら，もうパンク状態である。総合病院ならば，さらには他科病棟からのコンサルテーションの依頼も入っているかもしれない。

　このような外来の日に，セラピー[注1]のことなど，まして精神分析のことなど考えられるはずもない。精神分析には憧れるけれども，それは本の中のものであって自分の日々の臨床には関係ない……そのように感

注1）サイコセラピー psychotherapy。精神療法とも心理療法とも訳されるが，本書では，セラピーという言葉を主に用いる。

じる方も少なくないことだろう。

　その気持ちはとても良く分かる。今描いたような忙しい精神科臨床の一コマは，日本の精神科医の多くが経験している一コマでもある。非常に忙しい臨床を経験していると，精神分析と臨床の現場を完全に切り離してしまいたくなるかもしれない。

日々の心理臨床と精神分析

　心理士の場合も，同じような忙しさがあることだろう。外来クリニックに向かい，今日もまた精神科の主治医から心理テストのオーダーが山のように入っているのを見て，ため息が出るかもしれない。自分はセラピーをしたいと思っていても，主治医がなかなか許してくれないかもしれない。ようやくセラピーを頼まれたと思ったら，月に1回の面接を患者が希望し，自分がしたいと思っている週1回のセラピーにならずにがっかりするかもしれない。ようやく週1回の症例を持てたと思ったら，わずか数カ月で患者が辞めたいと言い出し，自分のやり方に問題があったのではないかと落ち込むかもしれない。そんな状況なのに，スーパーヴィジョン代や書籍代，セミナー代だけがかさんでいく。こころの奥底を知り，その上で心理的援助をしていきたいと志して心理士になった方であれば特に，自分の今の心理臨床環境についてやがて疑問を感じ出すかもしれない。そのような日々を過ごしていると，精神分析は憧れの対象であっても，現実的には近づくことのできないもののように感じられ，諦めたい気持ちになるかもしれない。ここにも，精神科医の場合と同じように，精神分析と臨床の乖離が見られるのである。

精神分析は広い場面で役に立つ

　このように考えていくと，日々の臨床場面で精神分析と臨床とが乖離

しているように感じられるのも無理もないように思えてくる。しかし悲観的になる必要はない。精神分析が積み重ねてきた経験と知識は，臨床場面を問わず，広い場面で役に立つ。精神分析の考え方が役に立つ可能性のある対象疾患も，一般に考えられているよりも，実に広い。不安障害やパーソナリティ障害など，精神分析的な考え方の有効性が比較的広く認められている領域はもちろん，重症のうつや統合失調症，さらには認知症など，一般に精神分析的な治療の適応がないと言われている疾患の治療においても，精神分析の知識は程度の差こそあれ役に立つことが多い。

　精神分析が役に立つと言われても不思議に思われるかもしれない。症状の重い患者の場合，まずは強力な薬物療法を行うことが最優先されることが多い。精神分析の入り込む余地など全くないように思えてくるに違いない。しかし，精神分析という言葉には多重の意味が含まれるということを理解し，広い意味で精神分析を考えれば，精神分析が日々の日常の臨床において有効な考え方であることはあまり不思議なことではない。

　精神分析という言葉が何気なく用いられる時，それは非常に広い範囲の治療法を指して用いられている。第一にそれは，週4-5回の面接をカウチを用いて行う「精神分析（精神分析療法）」という特定の治療法を指している。次に，週1-2回の面接を通常対面で（時にカウチを用いて）行う「精神分析的セラピー」を指している。そして最後に，精神分析および精神分析的セラピーから得られた無意識に関する知識をもとに支持や助言などを行う「精神分析的理解にもとづく支持的セラピー」を指している。精神分析という言葉は，これらをすべて含む，一つのスペクトラム（連続体）を漠然と指して用いられていることが多い。

　それでは，広く精神分析という言葉と結び付けられるこれらのセラピーは，通常の精神科外来あるいは一般的な開業セラピー・オフィスでどこまで実施可能なのだろうか。続いて，精神分析的な治療が通常の精神

科外来あるいは一般的な開業セラピー・オフィスにおいてどこまで実施可能なのかを検討してみよう。

精神分析・精神分析的セラピーの実施可能性

まず，精神分析と精神分析的セラピーについて考えてみよう。この二つを精神科の通常の外来で行うことは，工夫が必要であるものの，可能である。

通常の外来は，予約制の場合とそうでない場合がある。予約制の場合時間の管理が比較的しやすいが，それでも診察時間の長さに関してはまちまちであることが多い。そのような設定のままで精神分析と精神分析的セラピーが必要としている精神分析的な枠組みを提供するのは困難である。

しかし，同じ曜日の同じ時間に同じ長さの診察時間を取る工夫をすれば，精神分析と精神分析的セラピーを行うことができる。精神分析と精神分析的セラピーは，ほとんどの場合1回の面接の長さは45分ないし50分である。1回の面接の長さ45分ないし50分を週1回以上確保できるならば，精神分析と精神分析的セラピーを通常の外来で行うことは可能なのである。

まず精神分析的セラピーであるが，これを通常の外来で行うことは，それほど難しくない。週1回のセラピーを抱えることは，もちろんすでに忙しい臨床の毎日をさらに忙しくするだろうが，1-2ケース程度であれば，それで日常の他の業務に差し支えが出るほどの負担になるとも思えない。実際，私が以前ある病院に勤務していた時は，通常の外来の日ではない日に診察の場を開けてもらい精神分析的セラピーを行っていたが，それで病棟や他の外来業務に支障をきたしたということはなかったように思う。

一方，週何回もの面接を必要とする精神分析を行うためには，精神分

析的セラピーに必要な工夫を週4-5回分する必要がある。特別な配慮が必要であろう。

　一般的な開業セラピー・オフィスの場合は，精神科の通常の外来の場合よりはずっとやりやすいだろう。ほとんどの場合，予約制になっている。開始の時間だけでなく，終了時間も決まっていることが多い。時間も，必要に応じてたっぷりとることができる。開業セラピー・オフィスでは，精神分析も精神分析的セラピーも，特殊なアレンジがなくても実施可能である。

　ただ，注意すべき点はいくつかある。精神科と何らかの形で連携しているセラピー・オフィスの場合，主治医の予約に合わせる必要が生じることがある。すると主治医の診察がいつになるかによってセラピーの予約が変わってくる可能性がある。その結果，同じ曜日の同じ時間に同じ長さの予約を取ることが難しくなるという事態が生じ得る。また，心理テストをたくさん取らなければならなかったり，臨時のカンファレンスなどが入りやすいセラピー・オフィスの場合も，注意が必要である。ある特定の曜日のある特定の時間帯に，何週間かに1回だけであっても臨時に心理テストやカンファレンスなどの予定が入る可能性があると，その曜日のその時間帯には毎週の定期的な予約を入れられなくなってしまう。例えば，カンファレンスが臨時に入ることがあり，入るとしたら毎月第1月曜日の10時からと決まっている，といった場合がそうである。そのような場合，月曜日の10時に定期的に面接を入れることはできなくなる。そのような時間帯が生じることは避けられない場合もあるが，あまり多くなりすぎないように注意したいところである。

精神分析的理解にもとづく支持的セラピーの実施可能性

　もう一つの方法である精神分析的理解にもとづく支持的セラピーは，通常の精神科外来あるいは一般的な開業セラピー・オフィスでどこまで

実施可能なのかを考えてみよう。これは、通常の外来でも普通のセラピー・オフィスでも、特に特別な工夫をしなくても十分に実施可能である。精神分析的理解にもとづく支持的セラピーは、精神分析や精神分析的セラピーと同じように枠をきちんととって行うこともももちろん可能で、またその方が望ましいが、そのような枠は必須ではない。極端に言えば、月1回15分の治療であってもその中で精神分析の知識を生かした介入をすることは可能である。もちろん、月1回15分の治療における精神分析の知識と経験の使い方は、週4-5回、1回45分ないし50分の治療における精神分析の知識と経験の使い方とはかなり異なる。本質的な違いがあると言ってもよいほどに違うのだが、しかしだからと言ってそれが精神分析の知識を生かしたものではないのかと言えばそんなことはない。精神分析的理解にもとづく支持的セラピーも、立派に精神分析的知識を生かした治療なのだ。

精神分析的理解にもとづく支持的セラピーの認知の低さ

　精神分析的理解にもとづく支持的セラピーの重要性は、日本ではいま一つ認知されていないように思う。その背景には、精神分析の考えをもとにしている三つのセラピー（精神分析、精神分析的セラピー、精神分析的理解にもとづく支持的セラピー）の区別が全体的に曖昧なままになっていたということがあるように思う。日本では欧米と違い、精神分析が盛んになった時代が一度もないままに精神分析的セラピーの方が先に広まったという経緯もあり、精神分析と精神分析的セラピーとが判然と区別されないままになってしまった。最近は日本でも週4-5回以上の精神分析が実践され精神分析と精神分析的セラピーの違いは少なくとも専門家の間では共有されつつあるが、以前は精神分析と精神分析的セラピーを区別していなかった方も少なくなかったのではないかと思う。精神分析と精神分析的セラピーの区別のことも問題だが、それ以上に問題

なのは，このような流れの中で精神分析的理解にもとづく支持的セラピーの存在そのものが曖昧になってしまったことだろう。その結果，精神分析的理解が支持的セラピーに生かせるという認識が共有されにくくなってしまった。

　支持的セラピーでは直接的助言も多々行うが，それではその助言は一体何に裏付けられているのかと考え込んだことのある方も少なくないだろう。そこには何らかのセラピーの体系があるはずであって，そしてそのようなセラピーの体系の最たるものの一つが精神分析の体系である。セラピストの実人生における経験から生まれる助言もないわけではないだろうが，セラピストであっても所詮は一人の人間にすぎないため，人生経験から生まれる助言の質と量には当然のことながら限界がある。何か理論的な裏付けのある助言でなければ，専門的な助言とは言えないだろう。精神分析および精神分析的セラピーの実践の膨大な蓄積は，患者の今のこころの状態に対してどんな助言が有効であるかについての非常に良い指針を提供してくれるのである。

　こころの無意識的世界の理解の体系である精神分析の知識と経験を用いると，治療場面における無意識的流れをよく理解することができるようになる。無意識的世界を理解することができると，こころの中に起こっていることのうち，患者がどこまでを意識でき，どこからは無意識の世界に留めざるを得ないのか，その理由はなぜか，そしてそのための方法は何かなど，たくさんのことが分かるようになる。そうすると，それらの理解を踏まえた上で，無意識的原因を理解しつつもあえてそれに触れずに，患者が意識的できていることを中心に，具体的で支持的な助言をすることが容易になる。セラピーにおいて具体的な助言を有効にすることができるようになるためには，**具体的な世界を超える理解の体系**を持つ必要があり，そのような体系の一つが精神分析の体系なのである。

　このように，精神分析の体系は非常に広い間口を持っている。にもかかわらず，精神分析と聞くとすぐに特別な治療法であって特別な状況に

のみ使えるものだと思い込んでしまうとしたらそれはもったいないことである。ここまで論じたような意味で精神分析という言葉を理解するならば、精神分析が広く臨床に生かせるものだという考えは受け入れやすくなるのではないかと思う。

精神分析的アプローチ

　ここで、言葉の整理をしておこう。広い意味での精神分析、言い換えれば精神分析の考えにもとづくセラピー全体には、週4-5回の精神分析、週1-2回の精神分析的セラピー、そして通常の外来でも実施可能な精神分析的理解にもとづく支持的セラピーが含まれることを述べた。本書では、これらをまとめて指して、**精神分析的アプローチ**と呼ぶことにする。

　大切なことは、精神分析の知識は、カウチに横たわり自由連想をする精神分析療法においてのみならず、何十人もの患者を診察する普通の精神科外来治療においても、これからすべき心理検査のオーダーが山積みになっている忙しい心理臨床の場面においても、十分に使えるものだということである。

　もちろん、使えると一口に言っても差がある。精神分析では、精神分析の本に書いてあるような精神分析の理解と技法をそのまま用いることができるが、精神分析的理解にもとづく支持的セラピーでは、精神分析の理解と技法を思い浮かべつつも、それを直接用いることはせずに、通常分析的ではないとされる支持的な介入を行うことが求められる。

　しかし先ほども述べたように、支持的な助言をするときであっても、精神分析の知識はあった方がよいのである。教科書通りの形では役に立たないことはあるかもしれないが、何らかの形で用いることができる場面は多い。通常の外来では精神分析が役に立たないと思っている方の多くは、精神分析が役に立たないと確信しているのではなく、精神分析が

何らかの形で役に立つだろうと直観しつつも，精神分析的理解と技法を実践現場でどのように修飾・変形して用いたらよいのか戸惑っているのではないかと推察する。

精神分析

それでは，精神分析的アプローチに含まれる三つの治療法のそれぞれについて少しずつ触れることにしよう。詳しくはのちに述べるとして，ここではエッセンスのみを手短に述べる。

精神分析は週4－5回の頻度の面接からなる治療法である。それだけでもインテンシヴだが，さらにそれを何年も続ける必要がある。週4－5回というと，年間160回から180回程の面接になる。それをいつまで続けるかだが，どこまで分析するかによるが，数年で分析がすっかり終わるということはまずない。分析の終結までには，少なくとも700時間から1000時間程度，あるいはそれ以上かかると考えられている。年数にすると，4年で終結するというのはまだ早い方で，10年近くかかることもある。

私が米国で精神分析の訓練を始めようとしていた頃，ある精神分析家に，精神分析とは一体どれくらいの長さがかかるものか，いつ終わるものなのか質問してみたことがある。するとその分析家は私に，「精神分析は，精神分析が終わる時に終わる」と答えた。その時は禅問答のようだと思ったが，振り返ってみると，その分析家の真意は，精神分析がどのくらい続くのかは誰にも分からないもので，それは精神分析のプロセスが決めるものだ，ということだったのだと思う。だから「終わる時に終わる」としか言えなかったのだろう。

精神分析が何年もかかる，と聞いて尻込みされる方もいるだろう。しかし，人生を徹底的に見つめる作業である精神分析が，逆にたった数カ月であるとか一年程度で終わるものだったら，そちらの方が不自然で，かえって気持ちが悪いくらいではないだろうか。

それだけの膨大な時間を使う精神分析では，目標はずばり，無意識の探索に絞られる。無意識を探索するということはどういうことなのかを説明するのは簡単ではないが，精神分析が進むと，患者は決まって驚きを口にする。それは，「ああ，なるほど」という知的な気づきとは全く異質なもので，それを遥かに超える衝撃を患者にもたらす。無意識とは文字通り意識の埒外にあり，それを扱う精神分析は当然のことながら患者に少なからぬ動揺をもたらすのである。

　精神分析はこころの中の無意識的世界をこれ以上ないところまで掘り下げる治療である。そのような作業であるから，かなりのこころの強さがないと耐えられなくなる。精神分析の主な適応は，したがって，自我が十分に強い神経症水準の病理，および境界水準の一部である。

　精神分析では，無意識的世界に蓋をしてしまうような介入，すなわち支持的介入をすることはほとんどない。ただ，支持的介入が全くないかというとそういうわけではない。分析プロセスを進めるために，励ましや保証 reassurance などの介入が必要な場合も少なくない。

精神分析的セラピー

　精神分析的セラピーは，無意識的世界の探究を目標とすることは精神分析と同じだが，その程度は精神分析ほどではない。無意識的世界の全体を探究するというよりも，その一部を，特に患者の主訴に関係する領域を中心に探究するという感じである。

　通常週１回あるいは週２回の頻度で行うが，可能であれば週２回で行いたいところである。というのは，無意識的世界の探索には，セラピストに向けられる**転移**が重要になってくるのだが，週１回の頻度だと転移が十分に発展しないことがあるからである。転移は，頻度が高くなるにつれて面接室の中ではっきりと感じられるものになってくるが，頻度が少ないと，雲を摑むようにしか感じられないことがある。

　精神分析的セラピーでは，精神分析と比べると支持的介入をより多く

許容する傾向がある。精神分析的セラピーは精神分析を行うほどこころが強くない，自我機能に障害がある患者にも適応がある。ここでいう自我機能障害とは，具体的には，衝動制御の問題（自傷行為が止められないなど）や現実検討の問題などを指す。このような自我機能障害を持った患者でも，精神分析的セラピーの対象となることがある。

　このような患者の多くは，精神分析の強烈さには耐えることができない。精神分析はこころの原始的な部分を刺激しすぎるからでる。精神分析は，高い頻度の面接，カウチの使用，自由連想法の指示など，**退行促進**のための条件を兼ね備えている治療法である。したがって，精神分析を始めてしまうと，一見どんどん悪化していくように見えることも少なくない。もちろん，この悪化は本質的な部分の分析に必要であるという面もあるのだが，患者によってはこれに耐えることができない。

　しかし精神分析的セラピーでは，そこを加減して行うため，重い患者でも扱うことができる。この「加減して行う」というところに，支持的要素が絡んでくる。精神分析をしている患者の場合，入院が必要になるほどに希死念慮が高まるということは，全くないわけではないが，ほとんどない。そうなりそうな患者は，予め適応の対象からはずされるからだ。

　精神分析的セラピー中に希死念慮が高まり，セラピストの判断で入院させることは時々ある。入院させるということは，死にたいという気持ちの無意識背景を理解することでは追い付かなくなり，入院という物理的な環境で患者を支持する介入である。そして退院した後の面接で，セラピストは，入院という支持を与えなければならない事態に患者が陥ったことについて振り返って解釈をすることにより，支持的介入モードから分析モードに戻るのである。例えば，「あなたの中で死にたい気持ちがあまりにも高まっていたので私はあなたを入院させなければなりませんでした。私とここで話をしている中で，私に十分に大切に思われていないという気持ちがあなたの中で高まっていったのでしょう。私はあな

たを入院させざるを得ませんでしたが，そのことであなたは私に直接助けてもらっていると感じられたのかもしれませんね」と解釈することで，支持的介入モードに陥ったセラピーを，もう一度精神分析的なモードに戻してやるのである。そのような柔軟性を備えている点においても，精神分析的セラピーは精神分析とは異なる。

精神分析的理解にもとづく支持的セラピー

精神分析的理解にもとづく支持的セラピーは，頻度も，面接1回あたりの長さも問わない。支持的な助言や励ましなどが，治療的意図をもって明瞭にはっきりとなされる。無意識的世界の探究は主たる目的ではない。無意識的世界はそのままにしておき，意識的にできることに絞って働きかけを行う。先ほど精神分析的セラピーのところで，入院が必要になるという事態の考え方について述べた。精神分析的理解にもとづく支持的セラピーを行っている場合も，入院という指示を与えなければならなくなる時があるのは同じだが，その後に解釈をして分析的なモードに戻る必要はない。入院させる必要が生じたことの無意識的意味は必ずしも探究しない。探究してはいけないと言うわけではないが，それは主たる目的ではない。セラピストは，無意識を理解しつつもそれをこころの中に留め，患者の意識に近いところで作業をするのである。

精神分析的アプローチの中で，通常の外来で一番実行しやすいのは，精神分析的理解にもとづく支持的セラピーである。一体どのように役に立つのか，一例を示してみよう。

　　30代女性患者のAは，ある日通勤途中，電車の中で突然激しい不安を覚え電車を降りざるを得なくなった。その後同じようなエピソードが数回繰り返し起こり，再び同じようなことがまた起こるのではないかという不安が増大したため，精神科外来を受診した。
　　精神医学的診断はパニック障害であった。パニック障害の治療は，

ベンゾジアゼピン系の抗不安薬およびSSRIによる薬物療法が基本である。しかし，普通の外来診察の枠内であっても，薬の効果や副作用をチェックし薬物を調整することに加えて，簡単なセラピーを行うことはかなり有効である。精神分析的観点からは，パニック障害患者においては，分離および怒りのテーマをめぐる葛藤がしばしば存在することが知られている。また，そのような葛藤を扱っていく精神分析的セラピーの効果のエビデンスも知られている（Milrod et al., 1997）。

　精神分析的セラピーを行うことは患者にとって難しい状況だった。そこで，薬物療法に加えて，精神分析的理解にもとづく支持的セラピーを開始した。私は，薬物調整だけのためより少しだけ長い時間をかけて患者の話に耳を傾ける診察を通常の外来の枠組みの中で続けていった。

　短い外来診察時間の中で詳しい生育歴を聞くことは容易ではないが，両親がどのような人で患者とどんな関係を持っていたのかについてある程度詳細に知ることは十分可能である。初診のときに時間が足りなければ，何回かに分けて聴取することも一つの手である。Aが述べたAの両親像は次のようなものだった。Aの両親は，Aがまだ小さい頃からある社会活動に没頭しており，Aのことよりもそちらを優先していた。そのことにAは深い憤りを感じていたのだろうと想像されたが，A自身は両親への怒りをあまり自覚していないようだった。小さいAの傍にいない両親の像と，Aの両親への怒りが私の中にインプットされた。

　その後の外来診察の中で私は，最初に電車で突然不安になった日，会社ではどのような予定があったのかを聞いてみた。Aは，その日上司に新しいプロジェクトについてプレゼンテーションをしなければならなかったと答えた。Aは，そのプロジェクトを上司から任されたことを誇りに思っていた。しかしAはどこかで，本当は上司

がするべきことなのにそれを任されてしまい，それで忙しくなりすぎているようにも感じていたようだった。

　私は，Ａがその日不安になったのは，自分を守ってくれる代わりに，本来上司自身がすべき仕事を自分に任せた上司に対する怒りのせいかもしれないこと，そしてそれはＡが両親に対して幼い頃に感じていたであろう怒りと関係があるかもしれないと伝えた。それを聞いてＡは，自分が上司に対していかに腹が立っていたのかに初めて気づいたようだった。Ａはさらに，それでも上司が望んでいることだから言う通りにしないわけにはいかない，と続けた。私は，もちろん職場でのことだからそれは理解できる，とＡの意見を一部肯定した上で，上司の望み通りに動かなかった時に上司との関係が途切れてしまうのではないかという不安を非現実的なまでにＡが抱いているのではないか，と伝えた。その後，Ａのパニック障害は良好な経過を辿った。

　この症例では，パニック障害にしばしばみられる怒りと分離のテーマを通常の外来の枠内で，ある程度ではあるが扱うことができた。その結果良好な結果が得られたように思う。これくらいの話をするのに，それほどたくさんの時間は要らないだろう。通常の外来でも十分に可能である。もちろん，同時に薬物療法を行っていたため，薬物が奏功しただけだと考えることもできるかもしれない。しかし，精神分析的理解を用いて行った介入も役に立ったのではないかと思う。実のところどちらがより有効だったのかは分からないが，ここに示されたような介入は，ほとんど害もなく，手軽にできるものであるため，行わない手はないだろう。
　この治療の限界についても触れておかなければならない。私は患者の怒りを取り上げた。また，分離のテーマについても触れた。ただ，私の介入は知的レベルのものにすぎなかったと言わざるを得ない。精神分析および精神分析的セラピーでは，単なる知的理解ではないレベルの洞察

あるいは体験を患者が治療の中で得ることが目標になるが，私の介入はそのレベルには追い付いていない。頭で理解することで，「ああなるほど」と腑に落ちることはよくあることであり，実際それで患者はかなり楽になる。しかし，それがこころに定着するためには，情緒的なレベルに治療が及ぶ必要がある。精神分析の言葉で言えば，**ワークスルー** *working through* される必要がある。ワークスルーは主に解釈の繰り返しによって，多くの場合転移の文脈においてなされるものである。精神分析的理解を持っていても，支持的な枠組みでは転移の発展が不十分であるため，転移解釈を繰り返すことはほとんど不可能である。

　実際Aの治療において，私はAのこころに関心を持ち，Aを助けようとする「良い上司」あるいは「良い親」に留まっていた。自分の立場は棚に上げて，Aの怒りや不安を解釈しただけである。そういう立場からなされた解釈は，転移文脈で行われる解釈よりもインパクトが小さいものである。

　Aのこころの病理は，したがって私との治療の中では不完全にしか改善していない可能性が十分にある。そこに限界がある。

　最後に，ここまでの説明から分かるように，精神分析的アプローチは，するかしないかの二者択一を迫るようなものではない。精神分析的アプローチにはさまざまな種類が存在するのであり，その中から臨床状況が必要としているようなアプローチを取ればよいのである。もちろん，どのような精神分析的アプローチを自分がしたいのかを先に考えてしまい，臨床状況をそれに無理矢理当てはめるということがあってはならない。当たり前のことだが，精神分析的アプローチは臨床のための道具なのであって，その逆ではないことをよく心得ることが大切であろう。

第2章　精神分析的アプローチを理解する①
——構造化

　前章では，精神分析的アプローチには三つの種類が含まれることを示し，それぞれについて簡単に説明した。精神分析という言葉を聞いて難しすぎると尻込みしたり，使えないと敬遠したりする必要がないこと，時と場合に応じた使い方があるということをよく理解しておくことが大切であると述べた。

　本章および次章では，精神分析的アプローチについてさらに詳しく理解することを目標にする。その際重要なのは，精神分析的アプローチの三つのあり方を区別するためのいくつかの観点について熟知しておくことである。精神分析的アプローチを考える上で大切な観点はたくさんあるが，ここでは三つに絞りたい。すなわち，**構造化**，**無意識の探究**，**支持的要素**の三つである。本章ではこのうち構造化を中心に論じる。

　構造化，無意識の探究，支持的要素の中でも，構造化が特に大切であり，いわば縛りが一番強くなっている。すなわち，構造化がどうなっているかが，精神分析的アプローチの中でもどのタイプのセラピーとなるのかを決める一番重要な鍵なのである。それは，構造化は，されているかされていないか，かなりはっきりしているからだ。他の二つは，中間がまだ考えやすいのだが，構造化に関して中間は考えにくい。つまり，突き詰めて言えば，構造化はオール・オア・ナッシングに近いものである。もちろん，中間が全くないということではない。岡野（2008）は，柔軟性を持った構造化を「治療的柔構造」と呼んでいる。しかしそれで

も，無意識の探究および支持的要素と比べると中間層が薄いのは確かだろう。

あとで詳しく述べるが，精神分析および精神分析的セラピーの最大の特徴は，構造化を重視して治療を行うことである。一方，精神分析的理解にもとづく支持的セラピーでは，構造化をあまり重視しない。

なお，構造化，無意識の探究，支持的要素の間には一定の関係が認められるが，その関係は単純なものではない。支持的介入を多く行おうとすると無意識の探究は少なくなっていかざるを得ない。逆に無意識の探究を積極的に行おうとすると支持的介入は自然に減っていくものである。しかし，支持的介入を増やしていくとやがて無意識の探究が一切できなくなるというわけでもない。

構造化に関して言えば，構造化は無意識の探究をしやすくする。しかし，構造化を突き進めると支持的介入がそのうちできなくなるというわけではない。徹底的な構造化を行いながら，支持を十分に行うことは容易なことである。一方，構造化を全くしないことは無意識の探究にマイナスの影響を及ぼす。構造化をなおざりにすると，無意識の探究はある程度以上はできなくなる。

これらの三つの観点について熟知することは大変なことだが，大切なことは，これらの三つの観点について，少なくとも考えてみることを習慣化することである。今自分が行っているセラピーが一体どれに相当するのかを考えるということを続けていれば，そのうちに自然とこれらの三つの観点についてよく知ることができるようになるだろう。

構造化の外的側面と内的側面

それでは，構造化について詳しく見ていくことにしよう。構造化とは，文字通り，治療を通して一定で変わらないものすなわち構造を与え，整えることを意味する。それでは，精神分析的アプローチにおける構造と

は一体何で，それを整えるということは何を意味するのだろうか。

　精神分析的アプローチにおける構造には，二つの要素があることを理解することが重要である。一つは，**構造をどのように設定するか**である。**これを構造化の外的側面**と呼ぶことにしよう。もう一つの要素は，設定された構造を維持するための心構えであるが，これを**構造化の内的側面**と呼ぶことにしよう。

構造化の外的側面（外的構造）

　構造化の外的側面は，具体的な指標を用いて外的に表現することができる。セラピーが行われる場所をどこにどのように設定するのかということと，セラピーの時間をどのように設定するのかということがこれに含まれる。ここでは，その上で設定された場所と時間の枠組みを**外的構造**と呼ぶことにする。構造化の外的側面と外的構造の関係について考えてみると，前者は構造化しようという意図のうち特に外的側面に関する意図を指し，後者はその結果設定された構造を指すというように区別できるかもしれない。しかし両者はほぼ同義であると考えてもよいだろう。以下，外的構造としてどのようなものがあり得るのかを述べる。

場　所

　最初に，場所について考えてみよう。精神分析的セラピーを行うためには，静かで落ち着けるような場所が必要である。仰々しい防音扉などは必ずしも要らないが，最低限整えておきたいことは，その場所が外の空間とはドアなどで明確に隔てられていること，会話の内容が分かる程度に音が漏れることのないこと，そして，対面法（患者とセラピストがそれぞれ椅子に座って話す方法）の場合，心地よく座れる椅子二つに患者とセラピストが近づきすぎない程度に離れて座ることのできるような広さがあることである。

広い部屋の片隅に椅子がおいてあるだけだったり，個室であってもカーテンや簡単な仕切りで区切られているだけだったりだと，会話の内容が外に丸聞こえになってしまう。そのような場所では，誰かに聞かれていることを意識してしまい，話す内容に制限が加わってしまう。セラピー全般にも言えることだが，精神分析的なセラピーの中では，外では言えないようなことが話題の中心になることもしばしばである。そのように非常に私的な話こそが人間の苦しみと本質的につながっているからである。したがって，会話の内容が漏れないことはとても重要である。

患者とセラピストの間の距離は適切に保たれていなければならない。これくらいの距離が良いという絶対的な数値はないが，近すぎることは避けるということを大切にするようにするとよいだろう。目安として，「もしかすると少し離れすぎているかな」と感じるくらいにすると無難だろう。私は米国で臨床をしていたときにさまざまな精神分析家のオフィスを訪れたことがあるが，かなり離れて座っている分析家が多かった。

患者とセラピストの間には，原則として，机などは置かない方が良い。患者がセラピストという別の人間に直面して話をしているという端的な事実に患者がそのまま向き合うことが重要だからである。もちろん，自分の個人的スペースが物理的に侵襲されているという感じを患者に抱かせるのは問題である。しかし，それに対しては，セラピストの椅子と患者の椅子との間の距離を十分にとることで対処するべきであろう。

他には，椅子と椅子をどのような角度で向き合わせるかということに悩む方もいるかもしれない。椅子と椅子を直角になるように向かい合わせる方法（90度法）について聞いたことのある方も少なくないだろう。

私は，わずかに角度をつけて向き合う形で椅子を設定している。真正面で向かい合うと，視線を時々自然に逸らすことができなくなり，圧迫感を与えかねないからである。90度の角度をつけるということも同じような発想の延長線上のことだと思うが，私個人はそれではちょっと不自然な感じがするので，もっと真正面に近いところに座ることにしてい

る。この辺りは好みが分かれるところであろうから、いろいろ試してみて決めるのが良いかと思う。椅子を用いた対面法なのか、あるいはカウチを用いるのかによってセラピーは大きく変わってくるが、対面法で椅子が何度で向かい合っているかはそれほど大きな違いをもたらさないだろう。

　セラピーのための部屋が複数あるような施設でセラピーを行う場合、可能な限りいつも同じ部屋を使う方がよいと心得るべきである。同じ部屋であるにもかかわらず、セラピーのある局面で、ある日突然同じ部屋が、あるいは同じ装飾品が違って見えたりすることがある。それは患者の中の内的な変化を表していることが多いが、毎回違う部屋を使っているとそのような変化を見逃してしまうことになるため、注意が必要だ。同じ理由で、複数の場所に複数のオフィスを持ち、曜日によって出向かうオフィスが異なるようなセラピストが患者と週複数回の面接を持つ場合、できれば同じ場所のオフィスでその複数回の面接持つ方が好ましい。

　原則を述べたが、もちろん、いつも原則通りに設定できるとも限らない。そのような場合、現実に合った妥協点を模索することになる。

　例えば、ドアがあるものの薄いためにどうしても外に声が漏れ出てしまう場合があるかもしれない。そのような場合、「ホワイトノイズ」（砂嵐のような音）を発生させる小さな装置を用いて外に音が聞こえないようにすると良いかもしれない。私も、米国時代の私のオフィスの一つではそのような装置を二つ同時に用いていた。一つではまだ心許ない感じだったからである。日本に帰ってからも、ある病院の一室でセラピーをしていた時は米国から持ち帰ったその「ホワイトノイズ」の装置を用いていた。

　また、どうしても十分な広さの部屋が準備できないなどの理由で椅子と椅子の間を開けられない場合もあるだろう。このような場合、小さなテーブルを置くことで心的な距離を確保するという方法がある。前述したように、原則として患者とセラピストの間には何も置かないと心得る

べきだが，妥協案としてはこれでも良いかと思う。与えられた現実の中でのベストの環境を目指すことが大切である。

カウチの使用について

精神分析を特徴づけるものの一つにカウチがある。映画や漫画の中に精神分析が出てくるときは，必ずと言ってよいほどカウチが出てくる。特に，精神分析の歴史の長い欧米では，カウチに横たわる患者とその背後にすわる精神分析家という構図はすでに文化の一部として定着していると言ってよいだろう。

このように，カウチの使用は精神分析の営みと分かちがたく結びついている。しかし日本では，精神分析を学んでいる方の中にも，カウチを実際に用いた経験のない方は少なくないと思う。そこで，カウチの使用についてここでまとめておく。

カウチを用いるメリット

カウチの使用に当たっては，まずカウチのメリットを理解することが大切である。多くの患者にとって，カウチに横になっていることは椅子に座っているよりもずっと寛げるものだ。その結果，無意識的素材が浮かびあがりやすくなる。他の言葉で言えば，**カウチは退行促進的**である。患者は，原始的情緒に触れることが容易になり，一次過程思考に近づく。椅子の上では見せなかった怒りをセラピストにぶつけたり，筋の通らないことを言ったりするようになる。椅子の上では口数の少なかった患者でも，カウチの上ではよく話すようになる。逆に，椅子の上では強迫的にしゃべり続けていた患者が，カウチの上ではしばし黙っていることが自然にできるようになったりもする。

そのようなカウチの上での体験は，夢の中での体験の様式に近づくような感じだと理解すると分かりやすいかもしれない。夢の中にはおどろおどろしい情緒や筋の通らない思考が渦巻いているものだが，カウチは，

起きていながらにしてそのような体験にわれわれが近づくのを助けてくれる。現代の精神分析の考え方では，夢は患者の生きられていない部分を表すと理解されている（Bion, 1962; Bromberg, 2006）。実人生において表現できずにいる思いや感じられずにいる情緒が夢の中で表現されることはしばしばあるが，そのような思いや情緒を面接室に呼び込み，その場でセラピストとの間で体験することができるようになることが分析プロセスを促進すると考えられている。カウチは，そのような意味でとても有効なものである。

カウチを用いるデメリット

それでは，カウチのデメリットとは何だろうか。いろいろあるが，ここでは三つ挙げておこう。

第一に，メリットと表裏一体とも言えることであるが，カウチは退行を促進しすぎる場合がある。境界水準の患者の中でも病理のより深い患者（境界性パーソナリティ，スキゾイドパーソナリティ，反社会性の強い自己愛性パーソナリティなど）の場合，退行を促進しようとせずとも，対面法のままで十分に退行することが多い。そのような患者は，原始的情緒や一次過程思考を押さえるに十分な自我機能を持っていないために，守られた空間で定期的に会うという設定をしただけで十分に退行してしまうのである。その上でカウチを用いると，精神病水準に近づきすぎるか，極端な場合全くの精神病状態に陥ってしまう。

もう一つのデメリットは，セラピストとの今‐ここでのやり取りを見えにくくする場合があることだ。これは一見，カウチのメリットとして挙げたことと矛盾する。すなわち，カウチには患者が自分を表現しやすくなるというメリットがあることを述べたが，それならば，セラピストとの今‐ここでのやり取りも見えやすくなるのではないかと想像されることだろう。実際そういう側面ももちろんあるのだが，ここでは，カウチによって見えなくなるような今‐ここでのやり取りのことを考えてみ

よう。

　カウチを用いることで見えやすくなるのは，今‐ここでのやり取りの中でも，患者のこころの中に埋め込まれている関係性のプロトタイプの再活性化によるものである。すなわち，過去においてある関係性が何らかの理由で無意識化されており，しかしそれがカウチの使用による患者の退行によって今‐ここにおいて再活性化され，患者とセラピストとの今‐ここでのやり取りの中に再現される，というような場合のものである。

　しかし，今‐ここでのやり取りの中には，セラピストという**現実の対象**を患者がどのように体験しているのかに関するものがある。患者がセラピストをどのように感じ，それにどのように向き合っていこうとしているのかということは大変重要な情報である。患者が「今日は先生は機嫌が悪そうだ」，「先生はこういう話をすると嬉しそうだ」，「先生の目は自分を疑っているようだ」などと述べる際に，その体験の性質，由来，それにまつわる空想などについて，今‐ここでの関係性に留まりつつ詳細に探究するのである。

　その際，今‐ここでのやり取りは，**患者のこころの内部**から浮かんで来るもののみならず，**患者の外部から到来するもの（知覚，経験，トラウマ）** への患者の反応を表している可能性があり，その両者を扱うことが大切であることを忘れてはならない。そして前者の要素の分析に関してはカウチの使用が役に立つ場合が多いが，後者の要素の分析に関しては対面法の方に軍配が上がる場合も少なくないのである。

　三つ目のデメリットは，二番目のデメリットと関連するが，一部の患者にとっては，カウチの背後にセラピストがいること自体がそもそも耐えがたいほどの不安をもたらす。パラノイド傾向（被害感，猜疑心を持つ傾向）と関連しているが，それを解釈しても追いつかないほどの不安を訴える場合，カウチの使用は当座は諦める方がよいだろう。性的領域に葛藤を持つ女性の患者と男性セラピストの場合，患者がカウチを怖が

ることはしばしばある。特に，性的外傷がある場合はなおさらである。カウチを用いることは精神分析的アプローチの絶対用件ではない。嫌がる患者に無理に勧めるべきではない。

カウチそのものについて

次に，カウチとしてどのようなものを使用したらよいのかについて述べよう。米国には，精神分析用のカウチを販売している会社が少なくとも一社存在する（Analytical Couch Company：http://www.analyticcouch.com/　2018年4月30日アクセス）。他にもあるかもしれない。そのような会社から販売されているカウチを使用する方法が考えられる。しかし，米国から個人で取り寄せるのは大変な労力がかかるだろう。また，そのような本格的なカウチは大変高価である。

そこで国内で調達しようということになるわけだが，日本には精神分析用のカウチを販売している会社は今のところ存在しないようであるし，今後もおそらく状況は変わらないだろう。しかし，精神分析用のカウチの形状は特に変わったものではないため，精神分析用として作られているようなものと似たようなものを探すのはそれほど大変ではないだろう。

何をおいても大切なことは，患者が心地よく寝ころべることである。病院の一般的な診察台のようなものは，少し硬いし，ゆったりした感じがでない。また，カウチというよりベッドのような雰囲気では，落ち着かないだろう。また，診察台では床から離れすぎているようにも思う。

カウチは，できれば頭部の方が少しリフトされていると良いだろう。カウチはリラックスするためのものであって，寝るためのものではないため，完全にフラットである必要はないし，そうではない方が私の好みである。しかし，クッションをうまく用いれば，フラットなタイプのものでも良いかと思う。

つぶしが効くのは，ソファをオフィスに導入し，それをカウチを用いる患者の場合はカウチとして用いるという方法である。こうすれば，部

屋のスペースを効率よく用いることができるだろう。ソファの奥行きが短すぎると寝ころんだときに窮屈になるが，それに気をつければ，カウチの良い代用物となるかもしれない。

　カウチの付属物として，足掛け毛布を用意する分析家もいる。また，ティッシュやごみ箱を用意する分析家もいる。これらは必須ではないが，あればそれらを欲する患者には歓迎されるだろう。しかし，どうしても必要であれば患者自身が用意することのできるものであり，それをセラピストの側で予め用意していることは，転移状況に影響を及ぼす。患者によるセラピストの印象を，自分のニードを先回りして満たしてくれるような人物のそれの方に過剰に傾けてしまう可能性があるのである。もっとも，転移状況を考えるときに大切なことは，転移を無理に引き起こしたり引き起こさないようにしたりすることそのものではなく，引き起こされた転移を扱っていこうというセラピスト側の決意である。したがって，カウチの周辺物についてはあまり神経質にならなくてもよいのかもしれない。

時　間

　次に，時間について考えてみよう。精神分析および精神分析的セラピーの場合，1回の面接の長さは，例外的な場合を除き，45分ないし50分である。そして，週当たりの頻度は，通常週1回から週5回までであり，決まった曜日と時間に設定する。

　どの曜日に設定するのが良いのかということだが，人が通常休む日には予約を入れないことを原則とするとよいだろう。したがって，休日と祝日には予約は入れない方がよいだろう。また，年末年始など，平均的な人が休む時期にも入れない方がよいだろう。一方土曜日は，働く方も多いので，平日の延長のように考えてもよいだろう。

　時間帯に関してだが，これも曜日と同じように考えて，人が通常休む時間帯を避けると考えるとよいだろう。すると，平日の深夜と早朝を除

く時間帯が中心になる。もっとも，何時をもって深夜とするのか，早朝とするのかは，人によってさまざまである。午前8時でも早すぎると感じる人もいるだろうし，午後8時でも遅すぎると感じる人もいるだろう。患者とセラピストの感覚が一致しないこともしばしばである。患者とセラピストの時間感覚のずれが転移‐逆転移分析の布石になっていくこともよくあることだが，セラピーを始めるにあたって，ともかくも時間を決めてしまわなければならない。目安だが，一日の最初の予約は早くとも午前8時から9時頃，一日の最後の予約を午後7時から8時頃と考えているセラピストが多いように思う。もっとも，それよりも午前7時頃から始めているセラピストもいるし，10時頃まで続けているセラピストもいる。ここは個人差が出やすいところである。

　米国では，日本と比べると全体的に早い方に予約がシフトしているという印象だった。7時台から予約を入れているセラピストはざらにいて，6時台から始めているセラピストもいた。しかし，午後9時や10時まで続けているセラピストはあまりいないようだった。米国では，仕事に行く前にセラピーに行くというライフスタイルを好む患者が多いのだと思う。そして，夜は皆プライベートの生活に早く戻りたいのだろう。米国では，朝の時間帯は人気があり，予約の取りにくい時間帯となっていた。

　このように書くと，朝早くから，あるいは夜遅くまでセラピーを行った方がよいのだろうか，と感じるかもしれない。しかしそうではない。重要なことは，セラピストが自分自身の性質をよく知った上で，セラピストとして適切なこころの状態にあることの可能な時間帯を探し，その時間帯を守ることである。あまりにも無理をして予約の時間帯を広げると，長期に続けることが難しいばかりか，セラピーのプロセスそのものにも影響が及ぶ。セラピストが，自分が通常受け入れている枠を超えて予約を受け付けようとしているとき，そこには，患者にとって良い援助者でありたい，などといった逆転移感情が入り込んでいる可能性がある。そのような逆転移感情は，本来セラピスト自身がこころの中で考えるべ

きことであり，構造化の一部として表現してしまうべきことではない。

　精神分析的アプローチを学んでいるセラピストから，「精神分析的セラピーの頻度は2週間に1回でも良いでしょうか」という質問を受けることが時々ある。私はそれに対しては否と答えることにしている。毎週面接に来ることを繰り返すことでセラピーは日常の一部となる。そして，セラピーが日常の一部となるからこそ，患者は生(なま)の思考と感情をセラピーの場において喚起され，それらを表現するようになるものだ。2週間に一度では，お互いに「久しぶりですね」という感じになってしまう。話の連続性を保つことが困難となるため，構造化の一部として隔週の頻度をよしとすることは困難であると言わざるを得ない。

　隔週では絶対に無理かというと，そうでもないのだろうと私は思ってはいる。しかし，セラピーに使える時間がこれだけ少なく，かつ連続性が保ちにくい環境で精神分析的なテーマを発展させる力量のあるセラピストがどれだけいるだろうか。そのような困難な設定にもかかわらず精神分析的アプローチを用いることができるとしたら，それは特別な意欲と適性のある患者と相当な力量のあるベテランのセラピストという幸運なマッチングがあってこそであろう。精神分析的アプローチを学びつつある方には勧められるものではない。

　同じような理由から，「精神分析的セラピーの面接の長さは30分でも良いでしょうか」という質問にも，私は否と答えることにしている。この場合も，原理的に不可能というわけではないのだが，少なくとも，自分がまだ訓練中であるという認識を持っている方はやめた方がよいだろう。

　構造化に関するパラメーター（頻度，1回の面接の長さ）が厳密に決められていることに，精神分析の世界特有の権威主義の匂いを嗅ぎつける人もいる。しかし，精神分析的設定の厳密さは，権威の無遠慮な行使ではなく，現実的要請との間の謙虚な交渉の結果であると考えるべきである。良いセラピストとは，現実の平凡な限界の前に謙虚でなければな

らない。あまり奇抜なことはしないことである。

　なお，隔週であるとか1回30分の面接はやめた方がよいというのは，構造化の一部としてはやめた方がよいということであり，隔週のセラピーすべてが，1回30分の面接のすべてが良くないというわけではもちろんない。精神分析的セラピーの要である構造化の要件を満たさないというだけであり，構造化を必要としていないセラピーの場合は，隔週や1回30分の設定が即不適切と判断されるというわけではない。構造化を必要としていないセラピーにおいてそのような設定がなお不適切と判断される場合もあるだろうが，その場合，それは構造化のパラメーターとして不適切という意味ではない。

構造化の内的側面

　英国独立学派の分析家であるパーソンズ Parsons, M.（2007）は，「内的分析設定 the internal analytic setting」という概念について論じている。パーソンズによれば，それは外的現実がいかなるものであっても分析家の内部で守られ，そこにおいて分析的作業が可能になるようなこころの領域のことである。パーソンズは，内的分析設定が保たれることによって，「象徴，空想，転移および無意識的意味などの概念によって現実が定義される」ことが可能になると論じる。これは，もう少し分かりやすく言うと，セラピストは外的な現実がいかなるものであってもそれに巻き込まれてしまわずに，患者の内的世界における意味を落ち着いて分析的に考えるようなこころのゆとりを持たなければならない，ということである。

　パーソンズの内的分析設定という概念は大変有用である。私が構造化の内的側面という言葉で表したいこともそれと似ているが，若干異なる。構造化の内的側面という言葉で，私はもっと具体的な技術あるいは方策を示したいと考えている。構造化の内的側面とは，外的な構造化を維持

するための参照点のようなものである。そして，それを達成するためのセラピストの心構えが内的分析設定と呼ばれるものだと言えるかもしれない。

　無意識の探究および支持的要素の程度は目に見えるものではない。患者にとって目に見えて分からないのはもちろんのこと，セラピスト自身にも分からなくなっている場合がある。どこからどこまでが無意識とはっきりと決まっているわけではないからである。こころの痛みそのもの（その少なからぬ部分が無意識的である）と，その痛みからこころ全体を守る働き（自我の「防衛」として概念化できるものであり，無意識的なものと意識的なものがある）の区別がつきにくい場合もある。境界水準の重い病理を抱えた患者などの場合，こころの痛みとその防衛が反転していて，どちらがどちらか分からなくなることもよくあることだ。

　一方構造化は，時間と場所という，外的に同定・測定可能な指標を含んでいる。したがって，その乱れは他の二つの程度の場合と比べて分かりやすい。例えば，毎週月曜日の朝10時から10時50分までと決まっているのに，いつも5分遅れて始まったり5分延長したりしている場合，それが構造化の原則に抵触していることは明らかである。

　もちろん，時間通りに始まって時間通りに終わっているにもかかわらず構造化が危うくなっている場合もないわけではなく，構造化の規定は外的なものに限られるわけではない。

　例を挙げよう。今患者が，10時に面接が終わることが決まっているという設定の中で，面接の終わり近くになって，「もう時間がないので，今日の話はこれくらいにします」と言って，切り上げて帰ろうとするとしよう。このような場合，セラピストはどう反応したらよいのだろうか。もしセラピストが，その回あるいは次の回に，患者のこの発言を取り上げないとしたら，たとえ時間通りに面接を終えているとしても，それは構造化を厳密に守っていることにはならない。

　構造化とは，時間と場所を守ることだけではなく，いわばそれらに寄

りかかって治療を行うことを含むものなのである。その時の「寄りかかり」感が**構造化の内的側面**である。今の例の場合，セラピストは，自分が望んでいるよりも時間が少ないと患者が主観的に感じているということを，言い換えれば，時間の圧迫が普段以上にかかっていると患者が感じているということを取り上げる必要がある。したがってセラピストは，文脈によるが，「自分が望むだけの時間がなくて，あなたはとても窮屈に感じているようですね」とか，「私に途中で話を遮られるのを避けるために，自分で自分の話を終わりにしたいのでしょうね。それは，私に話を遮られることで私からすっかり見捨てられたという気持ちになることから自分を守ろうとしてのことなのでしょう」などといった介入する必要がある。その時の状況次第でその日のうちには解釈できなくても，その次の回には何らかの介入をしたいところである。このような介入を行う心構え，すなわち構造化の内的側面なしに構造化は完成しないのである。

　構造化を考える上で本質に重要なのは，面接の長さや頻度そのものといった外的な指標をいかに守るかということそのものではなく，それらから派生することを問題として真剣に扱っていくという意図をセラピストが持つことにある。それが構造化の内的側面であり，そのようなセラピストの意図を支えるセラピストの内的なこころのあり方が内的分析設定であると言えるだろう。

　患者が何分か遅れて来た場合，患者の面接をその分後ろに延長することは構造化を壊す行為である。それのみならず，延長することなくきちんと時間通り終えたとしても，遅れて来たという事実を何らかの形で取り上げることなしには構造化したことにはならない。もちろん，言葉で直接扱わないという判断もあり得るかもしれない。しかし，少なくとも，構造の設定とそこへの揺さぶりという事実に関してセラピストが思いを巡らせることが必須である。さもないと，それもまた構造化を壊すことになる。

第3章　精神分析的アプローチを理解する②
——無意識の探究と支持的要素

　前章では，精神分析的アプローチを考える上での三つの観点（構造化，無意識の探究，支持的要素）のうち，構造化について述べた。続いて本章では，無意識の探究と支持的要素の二つを取り上げる。その上で，これらの三つの観点から精神分析的アプローチ全体を見渡し，理解することを試みる。

無意識の探究

　三つの精神分析的アプローチを区別する上で構造化と並んで重要なのが，無意識の探究である。
　精神分析が無意識の探究を目指すものであることは自明であろう。無意識をどのように考えるのかに関しての意見に違いがあっても，無意識の世界を探ることが精神分析の本質であるということそのものを疑問視する者はいない。無意識を一切探究しないようなサイコセラピーもあるが，それを精神分析と呼ぶことはないし，そのようなセラピーを実践しているセラピストも自分のセラピーを精神分析と結び付けて欲しいとは思わないだろう。
　精神分析は無意識的世界の探究の方法であり，無意識に関する知見をもたらしてくれた。さらに，精神分析がもたらしてくれたものは無意識についてのみに留まらない。今日に至るまでの精神分析の経験の積み重

ねは，無意識的世界以外のことについても多くのことを教えてくれたのである。

　精神分析プロセスの研究が進むにつれて，精神分析プロセスとは意識的世界をかなりの程度経由しながら進んでいくものであることが分かってきた。その結果，意識的世界に関する知見が精神分析の副産物として蓄積していくことになった。やがてこの副産物自体がかなり使えるということが判明し，精神分析から意識的世界の探究を志向するセラピーがたくさん派生していく一因となったのだが，それはさておき，ここに大きな問題が浮上してきた。無意識的世界の探究を一体どこまで行うのか，という問題である。そしてこの問題に取り組む中で，無意識の探究をどれくらい広く行うのか，どれくらい深く行うのか，そしてそのような探究の結果得られた洞察をどれくらい納得いくまで繰り返し患者と扱っていくのか（ワークスルーするのか）という新しい観点が生まれた。

　精神分析的アプローチを週4−5回の頻度で行う精神分析，精神分析的セラピー，精神分析的理解にもとづく支持的セラピーの三つに区別するという発想は，このような観点の延長線上にあると言えよう。精神分析的方法は，するかしないか，ではなく，どの程度するのか，というものに変容したのである。

　ここで一つの臨床例について考えてみよう。ある男性患者は，専門学校卒業に必要な単位をなかなか取得できずに留年しそうになっていた。その専門学校は，そもそも母親が強引に勧めてきた学校だった。セラピーを通して，患者は自分が母親にいつまでも子ども扱いされてきたことを初めて自覚し，激しい怒りを感じ始めた。患者は自分の怒りをセラピーの中で表現できるようになってきた。

　ここで一つ考えなければならないことが生じた。患者は単位取得をめぐる困難の背景に母親への怒りがあることを意識化できるようになってきたが，患者の無意識的世界の探究は果たしてそれで十分なのだろうか。セラピストは，母親に対する怒りが無意識化されていたのには理由があ

って，ここからさらに掘り下げていくとそれは母親に赤ん坊のように依存したいという願望があるからだと推測したが，果たしてそこまで解釈できるほどに分析を進めていくべきなのだろうか，それともここまででよしとすべきなのだろうか。

さらには，無意識的世界に関するこれらの洞察をどの程度患者に深く馴染ませるべきなのかという問題も残った。患者が知的洞察を得て，「なるほど」と一度思っただけで症状が消えるということはほとんどない。精神分析の考えでは，特に現代の精神分析の考えでは，知的洞察のみだけでは不十分だとされている。知的な水準に留まらず身を持って体験された洞察のみが，ワークスルーされた洞察のみが，永続的なものであると考えられているからである。そしてワークスルーの中でも，転移のワークスルーが一番強力なものである。

そのように考えると，今挙げた例で言えば，患者のセラピストに対する怒りと依存心の分析が転移関係を通してなされなければならないことになるのだが，それを徹底して行おうとすると大変な時間とエネルギーがかかる。するとここに，どこまで徹底して行うのかという問題が極めて具体的な形で立ち現れることになるわけである。

この判断は，セラピストが個々の患者の状況とニーズに合わせて考えていくべきことであり，深く無意識を探究すればするほど良いというようなものではない。ただ，無意識的探究をどこまで行っているのだろうかという意識なしには，セラピストは自分が行っていることすら理解していないことになる。そのような理解なしには，介入方法を決定することもできないわけであり，したがって無意識的探究の程度についてセラピストがよく理解しておくことは必須である。

支持的要素

次に，支持的要素について考えてみよう。第1章で精神分析的理解に

もとづく支持的セラピーを紹介した際，それが患者の意識に近いところで作業をするセラピーであり，介入としては助言や励ましなどをはっきり伝える方法であることを述べた。精神分析的理解にもとづく支持的セラピーは，これらの支持的要素を用いることに特化した精神分析的アプローチであると言える。

支持的介入として助言や励ましがあることはすでに述べたが，ここではさらに，そもそも支持的要素とは何であるのか，そしてその臨床的意義についてもう少し詳しく考えてみよう。

ウィンストン Winston, A. らは，支持的セラピーを「症状を和らげ，自尊心，自我機能，そして適応的スキルを維持，回復，あるいは改善するために直接的な方法を用いる二者的治療[注2]」（Winston et al, 2004, p.4）と定義している。自尊心は自己効力感や自信の下地となるものであり，自我機能は現実検討，情動調節，統合機能などを含む。適応的スキルとは，特に外的な環境に適応していくスキルのことを表し，内的な葛藤に際して動員される自我の防衛と区別される。

カーンバーグ Kernberg, O. F. は，精神分析の専門用語を用いて，「適応的防衛および適応的衝動派生物を補強し，衝動／防衛の布置のより良好な適応的均衡によって症状を改善すること」（Kernberg, 1999）と支持的セラピーを定義している。

ここで「適応的防衛」とは，非適応的な防衛の反対のものを指す。例えば，翌日の試験が不安なときに自傷行為に走ることは非適応的な防衛としての行動化であるが，代わりに，同じく不安そうな友人に電話をして，その友人に「明日の試験，厳しいと聞いているけど，準備は大丈夫？　厳しすぎるから誰も受けに来なくて，先生の方が落ち込んでしまうかもね」などと冗談を言うことは，適応的防衛としてのユーモアであり愛他主義である。

注2）患者とセラピストの二人で治療，の意味。

一方,「適応的衝動派生物」とは何か。「衝動」は「欲動」と読み替えてほぼ差し支えないため，ここでは「適応的欲動派生物」としてその意味について考えてみよう。それを理解するためには，まず，「欲動」と「欲動派生物」の違いを理解しなければならない。自我心理学派のブレナー Brenner, C. (1982) によれば，欲動 drive とは「心理学的一般化」の産物であり，精神分析の方法によって分析家が推測するべきものである。一方，**欲動派生物** *drive derivatives* とは「固有の，個人的で特異的な」ものである。欲動の対象は精神性発達の図式に従って理解されるが（口唇的，肛門的，性器的，あるいは倒錯的など），欲動派生物は主として特定の対象に対する特定の願望として理解される。

　したがって,「適応的欲動派生物」とは，より適応的な形で表現されるに至った願望を指していると理解すると分かりやすい。ここで願望という言葉で意味されているものは，欲動が変形を被った結果生じる自己から対象に向かう情動，およびそれを含む全体的布置の心的イメージのようなものである。例えば，手段を選ばず職場の同僚を蹴落として競争に勝ちたいという願望は，攻撃性に関する，あまり適応的とは言い難い欲動派生物である。しかしそれが，会議において冷静に同僚の提案の問題点を指摘することで自分の提案の採用に辿り着きたいという願望に変形されれば，それは「適応的欲動派生物」となる。

　衝動（欲動）と防衛について分析した結果，それらが適応的均衡を達成することは精神分析および精神分析的セラピーにはしばしばみられることである。しかし，そのような均衡を達成するために防衛や欲動派生物を補強するという発想は，支持的なものとされる。

三つのアプローチの比較

　ここまで，精神分析的アプローチに含まれる三つのセラピーの特徴についていろいろと述べたが，先ほど挙げた三つの要素を用いてこれら三

表1 精神分析的アプローチ

	精神分析	精神分析的セラピー	精神分析的理解にもとづく支持的セラピー
構造化	厳密になされている。頻度は週4－5回。通常カウチを用いる。構造に「寄りかかる」。	かなり厳密になされている。頻度は週1－2回程度。カウチを用いることは少ない。構造に「寄りかかる」。	さまざまである。長さが決まっている場合もあれば，決まっていない場合もある。頻度は週1回から月1回程度までさまざま。構造に「寄りかかる」ことはしない。
無意識の探究	広く深く，徹底的に行う。夢分析，転移分析を行う。ワークスルーされる。	重要な力動について，十分に行う。夢分析，転移分析を行う。ワークスルーされる。	ある程度行う。ときに夢分析を行う。転移分析はほとんど行わない。知的洞察に留まることも少なくない。
支持的要素	原則として避ける。	なるべく避けるようにするが，時々は行う。	主たる介入のあり方として，十分に行う。

つの精神分析的アプローチについて比較してみると，表1のようになる。

分かりやすいように違いを強調して書いたが，実際にはそれぞれの間の境界がどれほど明確なものであるかはまちまちである。

最初に，「構造化」に関しての精神分析と精神分析的セラピーの境界について考えてみよう。精神分析と精神分析的セラピーの両者にとって，構造化の厳密さは治療の成否にかかわる死活問題である。精神分析的セラピーでは精神分析と比べると若干の構造化の緩さが許容される傾向がある。しかし精神分析と精神分析的セラピーの差はここでは量的なものにすぎない。

ところが，精神分析的理解にもとづく支持的セラピーになると，大分事情は異なる。1回当たりの面接の長さはさまざまである。また，面接の長さがそもそも決まっていることもあれば，決まっていないこともある。頻度も，週1回から月1回程度までさまざまである。精神分析および精神分析的セラピーの場合，前章の「構造の内的側面」のところで説明したように，構造に「寄りかかる」のだが，精神分析的理解にもとづく支持的セラピーの場合には，このような「寄りかかる」ことはしない。精神分析的理解にもとづく支持的セラピーでも，面接の長さと頻度や面接の空間を固定した方がやりやすいためにそうすることも多いが，それらは単なる時間と空間の定め以下でも以上でもないのである。このように，精神分析的理解にもとづく支持的セラピーと，精神分析および精神分析的セラピーとの間には，質的な差が横たわっている。

　次に，「無意識の探究」に関する精神分析と精神分析的セラピーの境界について考えてみよう。ここでも，両者の違いはそれほど明確ではない。「無意識の探究」に関しても，精神分析と精神分析的セラピーの違いは質的というよりも量的違いの方が目立つ。精神分析的セラピーの間に行う無意識の探究の程度は，精神分析の場合とほとんど変わらなくなることがある。

　精神分析では，原則としてカウチを用い，かつ自由連想を指示する。患者の防衛の程度にもよるが，分析が進むと，まとまっていない内容の話が多くなる。無意識により近い層の内容が報告されることになる。また，夢の報告も多くなり，無意識の探究が主たる作業となる。無意識の探究は，患者の中心的力動およびその周辺についてはもちろん，それ以外の領域についても広く深く徹底的に行うことが目標になる。精神分析のセッティングは，このような徹底した分析を可能にしてくれる。精神分析では，支持的な助言などをすることはほとんどない。無意識的世界の探究に目標があり，そのための技法をもっぱら用いる。

　精神分析と支持的セラピーの間にあるのが精神分析的セラピーである

が，「無意識の探究」に関しても，精神分析的セラピーはかなり精神分析よりである。無意識を探究しようという姿勢は精神分析的セラピーでも変わりない。もっとも精神分析的セラピーでは，無意識的世界が面接の場で表出されるようにするための工夫が精神分析の場合ほど徹底していない。具体的には，精神分析的セラピーでは，カウチを用いる代わりに対面法を用いることが多くなる上に，頻度は週1-2回程度である。精神分析では，カウチを用いて週4-5回もの頻度で面接を持つことによって，患者の退行，すなわち患者がより幼児的で原始的なこころの状態に戻ることを強く促進する。精神分析では退行促進的なセッティングを用いることで無意識的素材を流出しやすくするのだが，精神分析的セラピーではそこまではしない。精神分析的セラピーの設定でも退行は起こるが，精神分析の設定の場合ほどではない。したがって，精神分析的セラピーでは，まとまった内容の現実的な話，意識的素材の話が多くなる傾向がある。精神分析的セラピーは，無意識的世界に到達することを目標にするという点は精神分析と変わらないが，精神分析ほどそれを徹底して行うことはしない。

同様に，「支持的要素」に関しても，精神分析と精神分析的セラピーの境界は比較的曖昧である。一般に，支持的な介入は，一度してしまうとその時点で分析的介入の可能性を大きく減じてしまう。したがって，精神分析においては支持的な介入を避けるのが原則である。精神分析的セラピーにおいては精神分析の場合よりも現実的な話が多くなるので，精神分析と比べて支持的な介入がどうしても多めになる。もっとも，支持的な介入の多寡に関する精神分析と精神分析的セラピーの差は量的なものに留まってはいる。

以上からすでに分かる通り，精神分析的理解にもとづく支持的セラピーは，他の二つの精神分析的アプローチとはかなり異なった独自性を持っている。次にそのことについて詳しく述べる。

精神分析的理解にもとづく支持的セラピーの重要性

　精神分析的理解にもとづく支持的セラピーは，精神分析理論に依拠しながらも精神分析および精神分析的セラピーとは異なる方法論を持った治療法である。しかし，精神分析的ではない一般的なセラピーとのその近接性のゆえに，精神分析的アプローチの中でも特別な重要性を持った方法である。精神分析を，孤立したディシプリンとしてではなく，遠く離れているとしても通常の治療法の延長線上にあると考えてみると，橋渡しとしての精神分析的理解にもとづく支持的セラピーが重要になってくる。精神分析的理解にもとづく支持的セラピーは，一方の足は精神分析理論にもとづく無意識的世界の理解にしっかりと降ろしており，しかしもう一方の足は現実への適応を目指し，意識的世界に降ろしている。

　精神分析には通常の精神科臨床および心理臨床の枠を超える営為としての側面がある。一方，その中に留まる営為としての精神分析の側面，治療法としての精神分析の側面も重要である。今日では被分析者（精神分析を受ける人，アナリサンド）の多くは精神分析を学ぶ専門家であり，治療法の一つとして精神分析が勧められることは，日本と比べて精神分析の歴史の長い米国においてすら稀になった。日本ではさらに稀である。しかしそれでも，数多くの患者のうち何人かは，精神分析をもってしか対応できない問題を抱えている。精神分析を必要とする患者が精神科を訪れる患者の中には仮に1000人に1人しかいないとしても（実際はもっと多いだろう），日本全体で見たら相当な数の潜在的被分析者がいることになる。日本で現状どの程度行われているかは別として，治療としての精神分析のニーズは確実に存在すると思う。

　そこで，通常の治療法から週1-2回程度の精神分析的セラピーへ，そして週4-5回の精神分析へと至る線を考えてみることが重要になってくる。その連続性は危ういものではあるが，かろうじて繋がっている。

この連続性についてどう考えるかだが，精神分析を他の治療法とのつながりのない特別なものとして考えると，精神分析の知識を生かしたセラピーを始めようと考え出した途端に力が入ってしまい，むしろ精神分析的な理解を使いにくくなってしまうように思う。精神分析を特別なものだと考えすぎない方が，精神分析の経験から得られた知識をより多くの患者のために用いることができるだろう。

　精神分析的理解にもとづく支持的セラピーから得られる変化は確かに表層的なものに留まっていることが多いが，それを求める患者，必要な患者にそれを提供することのできる力量を持つことは大切である。そして，そのような治療の価値を過小評価するべきではない。本当に患者のためになることであれば，それが精神分析的観点から見てどんなものであれ，それを行うべきである。そしてその結果にセラピストとして誇りを持つべきだと思う。

　多くの患者は，セラピーに週に何回も通うことをかなりの負担と感じる。もちろんそのこと自体が何らかの抵抗を表している場合が多いが，その抵抗を扱うためにはそもそもセラピーを始めてもらわなくてはならない。しかしセラピーを始めてもらうためにはある程度の負担に耐えてもらわなければならないわけで，鶏が先か卵が先か，という問題になる。本格的な精神分析でしか得られないような根本的な変化が起こらないと生きていくことがあまりにも困難であるような患者もいるが，表面の所が変わっただけで大分生きやすくなる患者もいる。精神分析的理解にもとづく支持的セラピーを後者のような患者に適切に行うことによって，かなり多くの患者を援助することができる。その上で，さらに根本のところを見つめ直したいという患者には精神分析的セラピーや精神分析を勧めるとよい。実際，このような流れを経て精神分析的セラピーや精神分析を開始するに至る患者は少なくない。

　精神分析を本格的に勉強すると，患者の中に良い変化が明らかに見られる場合であっても，どうしてもより根本のところの病理の残存に目が

行ってしまい，気になってしまうものである。しかし，症状や社会的機能などの表層の問題で悩んでおり，それが改善することを主に望んでいる患者もたくさんいることを忘れてはならない。

　私自身精神分析家であり，常々精神分析の価値と意義を実感している。しかし日々の臨床では，精神分析だけをしているわけではない。精神科医としての診察はもちろん，精神分析的セラピーも，精神分析的理解にもとづく支持的セラピーも行っている。セラピーは，精神分析的であるか否か以前に，われわれの仕事であり，生業なのである。来談する患者が求めているものが何であるのかを私たちは第一に考えなければならない。

精神分析的理解にもとづく支持的セラピーを学ぶには

　精神分析的理解にもとづく支持的セラピーは独自の重要性を持つが，通常の外来で施行できるような精神分析的理解にもとづく支持的セラピーの行い方を，それ単独で取り出して学ぼうとすることはあまり効率の良いことではないように思う。精神分析から精神分析的理解にもとづく支持的セラピーまで広がる精神分析的アプローチのスペクトラムの中で，その全体のあり方を代表しているのはどの辺りであるのかと言えば，それは支持的セラピーの極の辺りではなく，精神分析および精神分析的セラピーの辺りにある。このスペクトラム全体が精神分析から派生していったものであることを考えれば，自然なことであろう。精神分析的理解にもとづく支持的セラピーがうまくできるようになるためには，その辺り，つまり精神分析および精神分析的セラピーの辺りの技法をある程度習得した上で，それを支持的な方向へと変えていくのが実は一番近道ではないかと思う。

　精神分析的理解にもとづく支持的セラピーの技法については第8章でさらに述べるが，それらの技法を習得するためには，その前に支持的で

はない精神分析的アプローチの理解と技法をある程度身に付けておくと早いということである。なぜなら、支持的な技法とは、「こういうことができるのだが、敢えてしない、あるいは敢えて違うことをする」といった類の技法で成り立っているからである。

それでは一体どうすればよいのだろうか。そのためには、**1回45分ないし50分毎週時間を決めて患者と話をする本格的なセラピー**を始めてみることが大切であろう。その際、**精神分析的セラピーにならなければならないとあまり意識しない**ことが重要だ。心理士の多くはこのような設定にすでに慣れているだろうが、精神科医の中には、このような設定でセラピーを行った経験が全くない方も少なくないだろう。もしまだ経験したことがないのであれば、さっそくこのようなセラピーを始め、経験を積んでいくことをお勧めする。

精神分析的というラベルの付いていないセラピーを行うとまずは心得ておくとよい。そして慣れてきたら、そのセラピーに精神分析的要素を加えて精神分析的セラピーにもっていくことである。そこまで来れば、今度はそこから精神分析的要素の用い方を支持的な方向へと変えることにより、精神分析的理解にもとづく支持的セラピーを行うことができるようになる。もちろん、そのまま精神分析的要素を緩めなければ精神分析的セラピーを続けることになるし、さらには、精神分析的要素を強めることで、精神分析の極にさらに近づいていくこともできる。

このようなことを勧めるのは、これは特に精神科医に言えることだが、最初から精神分析的であることを強く意図したセラピーを始めようとすると、それがあまりにも敷居が高いように感じられるために、結局1回45分ないし50分毎週時間を決めて患者と話をする本格的なセラピーを行うこと自体を躊躇してしまうことが少なくないからである。しかしそれでは精神分析的アプローチの敷居はいつまでたっても高いままである。米国の卒後訓練システムの良いところは、卒後比較的すぐに、本格的なセラピーのケースを持たせるところである。それによって、セラピ

ー全体に対する抵抗感が少なくなり，精神分析的セラピーなどの専門的なセラピーの習得へと進むことも容易になる。次章では，本格的セラピーを始めるにあたっての心構え，およびその方法について述べる。

第4章　セラピーを始めてみる

　ここまでの章で精神分析的アプローチの概略を説明した。本章ではその実践の方法について述べるが，セラピーの経験のある心理士や精神科医にとってはすでにお馴染みのことかもしれない。しかし，時間を十分にとったセラピーの経験のない方，少ない方にとっては，新しいことも多いかもしれない。

経験してみることが大切

　1回45分ないし50分時間を取ってじっくりと話を聴く本格的なセラピーを始めてみることの重要性について前章で述べたが，このようなセラピーをどのように呼ぶのか難しいところである。本書では，第2章で説明した構造化の外的側面（外的構造）および構造化の内的側面のうち前者のみが満たされているという意味で，**外構造化されたセラピー**と呼ぶことにしよう。

　実は，米国ではセラピーと言えば基本的に最低でも構造化の外的側面は満たされたものである。したがって，米国に倣えば，わざわざ「外構造化」などという言葉を付けずに単に「セラピー」でもよさそうなものである。

　しかし日本の場合，この普通の「セラピー」の広まり具合は米国よりもはるかに遅れている。特に普通の精神科外来で行われる外来精神療法は，時間が決まっていなかったり，決まっていても非常に短い場合も少

なくないため，そのような外来精神療法とは異なる時間の決まったセラピーを別の名前で呼ぶ必要がある。だからこそ，あえて「外構造化された」セラピーとして区別してみようというのである。したがって，本格的なセラピーあるいは外構造化されたセラピーとここで呼んでいるものは，実は**普通のセラピー**のことなのである。本書でも，普通のセラピーあるいは単にセラピーという場合は，とくに断りのない限り外構造化されたセラピーとほぼ同義のものである。

外構造化されたセラピーとは，同じ場所で同じ曜日の同じ時間に1回45分から50分の面接を繰り返し持つようなセラピーことである。ただし，構造の内的意味についての探究はあまり行わない。そこまでするセラピーは**構造化されたセラピー**であり，すでに精神分析的要素をかなり取り込んだセラピーとなっている。外構造化されたセラピーという言葉の代わりに，半構造化されたセラピーという言葉を用いてもよいのかもしれないが，半構造化というと場所も時間も中途半端に決まっているという印象を与えてしまいかねないため，外構造化という言葉を用いることにする。

外構造化されたセラピーは，通常の外来の場合のように，薬物投与や全体的マネージメントが混ざった中で，患者の心の中で起こっていることの理解を示したり助言をしたりといったセラピーとは異なる。外構造化されたセラピーとは，セラピーをその時間の治療の中軸にしっかりと据えて患者と話をするものである。最初から精神分析的設定をきちんと整え，自由連想法を指示し，夢の無意識的意味を探索し，転移を扱おう，などと強く意気込んでいると，始めること自体がためらわれてしまうことになりかねない。それよりも，とにかく患者の話を毎週一定時間聴き続ける，というところから始めてみるのが良いだろう。

精神分析的アプローチは，外構造化されたセラピーの延長線上に，かつそれほど遠くないところにある。時間枠をしっかり保ったセラピーがある程度できるようになれば，そこから精神分析的アプローチへの道の

りはそれほど複雑なものではない。確かに，精神分析的な話の聴き方を十分に習得するためには長い経験と努力が必要だが，それはオール・オア・ナッシングで達成されるものではないからだ。枠組みの重要性を肝に銘じること，そして患者が気づいていないこと，無意識的であることを聴き取ろうとする姿勢を心掛けることに集中すれば，少なくともある程度は精神分析的になるものである。そこまで来れば，あとはそれをどんどん高めていけば，どんどん精神分析的になっていく。

外構造化されたセラピーを経験してみて，その上でそこに精神分析の要素を少しずつ入れていけば，自然と精神分析的アプローチに近づいていけるだろう。

精神分析のアートとしての側面

経験してみることが何をおいても大切なのは，精神分析がアートと深く繋がっていることによるのかもしれない。セラピーは，静的なものではない。それは変化し続ける動的なものであって，生ものなのである。

もちろん精神分析には科学としての側面もある。フロイトは「科学的心理学草稿」（Freud, 1895）という論文を書いているが，それを読むと，フロイトが科学者としての思考にいかに拘り，精神分析を科学として発展させようと目論んでいたかがよく分かる。フロイト以降も，精神分析が少なくともある種の科学であるという主張は，強烈な反対意見に晒されながらも，消えることなく精神分析の世界の中に生き残ってきた。

しかし近年，精神分析は，科学的な装いをある程度保ちつつも，アートに近い様相を呈するものと考えられるようになってきた。その場の一回性という特性を考えると，アートの中でも，特に，音楽や舞台芸術に近いのではないか。精神分析の一回一回の面接は，音楽や舞台芸術がそうであるように，一度限りの，生きたものだからである。

もちろん，精神分析は楽しんだり，感動したりすることを直接的な目

的とはしていない。そこが通常のアートとは大きく異なる。精神分析は，医学的な観点からすれば治療法の一つであり，医学的フィールドから離れて考えたとしても，ある種の対人援助の一つである。実践的専門家として，対象者への責任もかかってくる。しかし，精神分析をアートとして考えることで，その特質が分かりやすくなるのではないか。

　精神分析の習得についても，アートとの比較で考えると分かりやすい。音楽や舞台芸術を学ぶために音楽論や舞台芸術論の本を読みふけってばかりいても仕方ないことはすぐに察しがつくだろう。何をおいても，実際に音を出し，演じてみることを始めてみる必要がある。楽器に触れることすらせずに，楽器の演奏法の本を読んで楽器を学べると誰が思うだろうか。違いはあるとは言え，精神分析もその点では同じであって，患者との実際の経験を積まずに本を読んで精神分析を学べるということはない。

外構造化されたセラピーを安全に実践するために

　外構造化されたセラピーを始めてみることが大切だと書いたが，もちろん，臨床家は患者に対して良質の治療を提供する責任がある。そこで大切になってくるのが，精神分析の実践につながっていくような**外構造化されたセラピー**の要件は何か，そしてそれを安全に実践するための最低限のガイドラインは何か，という問いに答えを見つけることである。これらの問いに対する答えを知っていれば，精神分析的セラピストとしての学びを進めていくための手掛かりになるだろうし，患者に負担を強いるようなことにもならないだろう。外構造化されたセラピーを始めるにあたって，その要件とガイドラインを以下に挙げてみたい。

時間を十分にとる

　最初に大切なことは，セラピーのために1回45分ないし50分の時間

を取ることに決め，それ以下にはしないことである。それ以上の長さ，例えば1回1時間に決めるということも状況によってはあり得ることだ。しかし，それ以下の時間で，例えば15分程度の時間で，外構造化されたセラピーをしようとは思わない方がよい。欧米のセラピーの成書は，そのように限られた時間設定の可能性は想定していない。15分の面接でも，セラピーの要素をある程度入れることは可能である。しかし15分の時間では，患者の人生の複雑さを十分に把握することは不可能である。本当にそうなのか疑問に思う方は，自分のことを知ってもらうために毎週15分しか話す時間がないという状況を想像してみよう。それで自分のことを十分に知ってもらったと感じる人がどれだけいるだろうか。一人の人間のことを知るということは大変なことなのだ。時間を1回45分ないし50分に決めたら，その時間は患者の話を聴くことに集中すると心に決めることが重要である。

時間を決めたらそれを守る

　45分ないし50分の面接は，毎週同じ曜日の同じ時間に入れなければならない。例えば，「毎週火曜日の午後3時から50分間」のようにである。そして，一度決めたらそれを守らなければならない。曜日と時間を守ることはそれほど難しくはないだろう。それよりも難しいのは，面接の長さを守ることである。

　決められた時間を下回る方向にずれてしまうことはあまり起こらない。時間前に話題がなくなってしまった場合，沈黙の中でも時間一杯まで面接を続けなければならないのだが，それにセラピストが耐えきれずに時間を切り上げてしまいたくなることがある。しかしその衝動に耐えることはそれほど難しいことでなく，実際，時間を短縮してしまった話を聞くことはあまりない。

　一方，延長してしまう方向にずれてしまったという話はしばしば耳にする。どのくらいの延長が問題かと言えば，はっきりとは決まっていな

いが，目安として，数分であっても延長が慢性的に繰り返されている場合，あるいは単回の延長であってもそれが4-5分以上に及んでいる場合，何らかの問題が隠されていると心得ると良いだろう。例えば，セラピストが患者に好かれたいと感じている，患者がセラピストをコントロールしようとしている，分離のテーマを扱えないでいる，などの問題である。セラピストはそのような問題に早急に気づき，何とかしなくてはならない。

　患者が話し続けているのに，一体どのタイミングで終了を告げればよいのかと悩むセラピストもいるかもしれない。話の途中なのに唐突に切り上げてよいものなのか，それとも話が終わってからにするべきなのか，意味のまとまりが一段落したところで終了するべきなのか，気にしなくてよいのか。確かに難しいところだろう。

　精神分析や週2-3回のインテンシヴな精神分析的セラピーの場合は話の途中で切り上げることも少なくないが，それ以外のセラピーの場合，基本的には話の途中で切り上げることはせず，話が一段落してから終了を告げる方がよいだろう。一般に，途中で遮って終了を告げることは，当然のことながら患者に何らかのネガティヴな感覚をもたらす。その感覚は，残念だ，もう少し話したかった，というくらいの比較的穏やかなものから，セラピストへの激しい怒りまで，多くのヴァリエーションがある。それらの感覚をどのように扱っていくかが分析の重要な課題となるのだが，精神分析やインテンシヴな精神分析的セラピー以外の場合，その分析の時間も背景の文脈の把握も不十分である。そのため，話の切れ目という無難なところに落としどころを見つけるのである。数分以内にはそのようなタイミングがあるはずである。もちろん，患者がそれ以上話し続けるようであれば，途中で遮らざるを得ない。

　精神分析やインテンシヴな精神分析的セラピーの場合は，話の途中であっても「時間です」と言って時間通りに切り上げることは比較的容易なのだが，それは，週何回も会う場合，精神分析プロセスとはそもそも

そういうものだという了解が共有されていくものだからである。また，「時間です」と唐突に面接が終わりセラピストと切り離される経験についての分析を行う時間も十分にある。

　誤解のないように言っておくと，時間を守るといっても，正確な時計を見つめながら一秒も遅れないように切り上げなくてはならないというのではない。セラピストと患者が共に「時間通りに終わった」と感じられればそれでよいのである。したがって，セラピストと患者の双方がやや強迫的な傾向を持っている場合，そうでないよりも少しの延長でも延長したと感じられるかもしれない。大切なのは，目安の設定を物理的な意味で考えるのではなく，セラピストと患者双方の主観的な感じ方の観点から考えることである。正確さに過剰に拘っている場合，それは面接の真の生産性のためというよりも肛門的な強迫性を表している可能性がある。

患者の気持ちを理解することに集中する

　ほとんどの患者は，知識や理解が足りなくて困っているのではない。ほとんどの悩みは，自分の気持ちが分からない，分かってもらえない，など，情緒面での困難に由来する。したがって，セラピストが集中すべきは，患者の気持ち（情緒）である。セラピーとは，より良い考えや知識を授けるための場ではなく，患者が自分の気持ちに向き合うことを助ける場だと心得ることが重要である。

　患者の気持ちの理解を中心に据えることによって，普通の外来における診察でのように助言を中心に据えた面接とは別種の雰囲気が面接室内に生まれる。助言を主とする面接をこれまで行ってきたセラピストは，患者の気持ちを理解したことを患者に伝えた後で，何らかの助言をするように心が駆り立てられるかもしれない。しかしそこで慌てて助言に走ることなく，患者の気持ちの理解に留まることが特に最初のうちは大切である。

分かりやすい適応のある症例から始める

　症例を選ぶにあたっては，分かりやすい適応のある症例を選ぶことが大切である。扱うべきテーマがある程度特定されている症例を選び，そのテーマを念頭に置きながらセラピーを行うとよい。

　セラピーで扱うべきテーマをある程度特定しておくことにはいくつかのメリットがある。まず，セラピーで何を話せば良いのかについて，患者およびセラピストの双方が具体的なイメージを持つことができる。セラピーでは患者に自由に話してもらうことが基本だが，セラピストが慣れていない場合，その中にどのようなメッセージを聴けばよいのか，どの話題を取り上げれば良いのか戸惑ってしまいがちである。そこで，セラピーで扱っていくテーマを，例えば，「職場で腹が立つこと」，「家族に構ってもらえない感じがすること」，「人前で話すときに緊張すること」などと具体的に設定し，それを念頭に置いた上で自由に話してもらうようにするとセラピーはずっとやりやすくなる。

　パーソナリティ水準としては神経症水準にある患者で，パーソナリティ障害そのものではなく，症状や具体的な機能障害が問題になっている患者のセラピーから始めるとよいだろう。

　初学者のうちは避けた方がよい症例もある。セラピーを行っていることを周囲に伝えると，通常の治療では手に負えないと判断される患者がセラピーに紹介されてくることがある。「薬で治らないのでセラピーをして欲しい」，「自傷行為を繰り返しているのでセラピーをして欲しい」などと頼まれる場合である。この種の紹介は，適切な紹介である場合と，不適切な（もちろん紹介する側には悪気はないのだろうが）紹介である場合がある。

　自傷行為に多少は効く薬はないことはないが，著効する薬は存在しない。するとセラピーならば治るのではないか，という考えが浮かぶのは十分理解できる。しかし，薬で良くならないからといって外科手術の適

応があるわけではないのと同じように，薬で良くならないからといってセラピーの適応があるわけではない。セラピーの適応は，薬が効く，効かないとは独立したものとして判断する必要がある。

　一般的に言って，薬が全然効かなかったり，薬に対する陰性感情（副作用が嫌だ，薬のせいで悪くなっている，など）を持っている患者のセラピーは難しいことが多い。薬に対する陰性感情は，もっと全般的な対人的な陰性感情が投影されたものであることが多いからである。最初に選ぶべき症例は，そのような症例ではない方がよい。

患者の過去の関係の質について知る

　それでは，一体どのようにしてセラピーの適応を決めたらよいのだろうか。適応の決め方についてあまり複雑なことを考え出すと，セラピーを始められないということになりかねない。

　セラピーの適応は実はとても広いのだが，セラピーを学び始めたばかりのセラピストが十分に扱える範囲は残念ながらそれほど広くはない。神経症水準の患者がよいのだが，どの患者が神経症水準でどの患者が境界水準なのかを見極めるのは容易ではない。

　一般的に，初学者は患者の病理を過小評価する傾向がある。神経症水準として発表される症例の多くが，よく聞くと実は境界水準の病理を持っている。少しでも不確かさがあるようなら，より重い方に見積もっておく方が良い。したがって，どう考えても神経症水準だと思えるような症例こそが本当に神経症水準であると心得ると安全である。

　もう一つ大変重要なことは，患者がこれまで重要な人物とどのような関係を持っていたのかについて情報を集めることである。配偶者，両親，子ども，ごく親しい友人，ボーイフレンドやガールフレンドなどとの関係について丹念に聞いていくことが重要である。一緒にいて安心できる関係を持てた相手をこれまで一人でも持ったことのある患者の場合，セラピーができる可能性はぐっと増える。逆にそういう相手がこれまで一

人もいなかった場合，セラピーで助けるのは非常に難しい。神経症水準の患者の語りの中には，そのように安心できる関係を持った人物がたくさん登場する。境界水準以下の患者の場合，そのような人物はほとんど現れないか，現れてもごく少数であることが多い。

　セラピーのスーパーヴィジョンや症例検討会の際に，一見それほど複雑には見えない問題を抱えた患者のセラピーがどういうわけか一向に進んでいかないという状況を聞くことが時々あるが，そのような場合，報告の中に患者のこれまでの人間関係の質に関する記述が十分に含まれているかに注目することが重要である。すでに含まれていない場合，私はまずはそれを報告者に尋ねる。特に，これまでセラピーを受けたものの途中でセラピーを中断したことがある患者が，どのような状況でそのタイミングでそのセラピストとの関係を終えたのかは，決して聞き逃してはいけない貴重な情報である。そこに，今のセラピストとの間に現在進行形で起こっているものの表面にはまだ表れていない関係性の問題が表れていることが非常に多いからである。セラピストの中には，そのような質問に全く答えられない方もいるが，そのような問いかけによって，セラピストがこれまで注意を向けていなかった患者の面に気づき，患者の病理の重さを再認識するに至ることもしばしばである。それが治療が大きく前進するきっかけになることも少なくない。

患者のこれまでで一番悪い状態を知る

　セラピーの適応についての判断を迫られたときに役に立つもう一つのコツは，患者の**これまでで一番悪い状態**を知り，セラピー中にそのレベルまでは悪化する可能性があると考えることである。例えば，過去に危険な自殺未遂をしたことがある患者は，セラピーを始めたらその間に最悪そのレベルまで悪化する，すなわちもう一度危険な自殺未遂をする可能性がある，と考えることである。

　これが例えば，今まで精神科にかかったことも自傷行為をしたことも

一度もなく，大学を卒業後順調に就職して職場でも周りにある程度評価されてきたものの，昇進のために仕事が忙しくなってから気分が重くなり会社を休みがちになった会社員だったらどうだろう。もちろん，ほんとうに何もなかったのか，患者の自主的な報告だけでは不十分であるため，発達歴・生活史の中に同様のエピソードが隠れていないか（例えば，大学時代に生活が荒れたりしたことはなかったか，など），微に入り細に入り生活史を知らなければならないが，その上でも本当に今回が生まれて初めての危機なのだとしたら，セラピー開始後も，仮に調子を大きく崩しても重要な役割を「休みがちになる」レベルまでである可能性が高いと判断される。すなわち，セラピーに来るのが億劫になり休みがちになる，というレベルの問題が起こるところまでで，それ以上の問題を呈する可能性は高くない，と予想できる。言い換えれば，「すっかり休んでしまう」状態，例えば，人生の完全休業＝自殺既遂，に至る可能性は，これまでの歴史から判断する限りそれほど高くないと予想できるわけである。

　セラピーは，本格的に行えば行うほど，その患者の「地の部分」に触れるようになる。すると，一番病んでいる部分が前面に出てくる。それが，固い言葉で言えば**退行**と言われるものである。ここまで述べたことは，一番深い退行のレベルがどのレベルなのかを知っておくことでセラピーの適応をある程度判断できる，と表現することもできる。

　セラピストとして慣れてくると，一番悪いレベルがかなり悪いものである場合でも，そのレベル以下にならないように，セラピーの進め方をある程度調整することができるようになってくる。しかし，最初のうちはそのように調整することは無理であるから，一番悪いレベルが激しい自傷行為や自殺行為ではない患者を対象にする方が無難であろう。

治療の終わり方について想定する

　精神分析の本の多くは，患者の病理の徹底した分析の重要性を説いて

いる。すでに述べたように，このような徹底した分析作業を，分析の言葉で**ワークスルー**と呼ぶ。その徹底ぶりは，フロイト以降徐々に高まっていった。フロイトの行った精神分析は，現代の基準からすると，かなり短期間のものに分類されるものが少なくない。今日の精神分析は，1000時間以上に及ぶことも多く，極めて徹底した作業になっている。

　しかし，精神分析的セラピーにおいては，いわんや普通のセラピーにおいては，そのようなワークスルーは極めて困難である。そうならないのがほとんどであるというのが現実だろう。それでは，ワークスルーがなされないセラピーは，駄目なセラピーなのだろうか。そうではないだろう。治療において得られた洞察が，知的なレベルに留まらず，患者の中に確実に根を下ろすに至るまで治療を続けようとする姿勢はとても大切である。しかし，セラピストにとって重要なことの一つは，セラピーには現実的な限界があることを潔く受け止めることである。いずれかの段階でセラピーを続けることが難しくなる，あるいはセラピーを続けるのに十分なモチベーションを保てなくなる可能性ついて，セラピストが予め想定しておかなければならない。

　そこで，なるべく具体的な目標を持ってセラピーを始めることが大切になる。具体的な目標とは，例えば，「過食につながっているこころの中の問題を理解する」，「パニック発作の原因を理解し，発作の回数が減る」といった症状に関する目標でも良いだろうし，「親密な関係を長期にわたって続けられないことについて考える」，「目上の人物と衝突することを繰り返していることについて考える」，「人生の目標を決めてそこに集中したい」といった，パーソナリティに関する目標でも良いだろう。それが症状に関することであれパーソナリティに関することであれ，十分に絞られた目標を持つことが，特に初めのうちは重要である。そして，それらが達成されたと感じたら，漫然とセラピーを続けるのではなく，終結することを考えることだ。もちろん，さらに新しい目標を考えてそこに向かってセラピーを続けるというのも選択肢の一つである。

ちなみに，普通のセラピーよりも精神分析にずっと近い精神分析的セラピーであっても，ワークスルーの目標は，最初に設定した目標と関連する限局した領域に関するものに留めておくべきである。より広範囲におよぶ問題を分析することは，精神分析的セラピーの設定では，不可能とは言えないまでも，より困難である。より大きな目標，よりパーソナリティ全体に広がっている目標は，精神分析の目標に属するものであると考えた方が良いだろう。

セラピーについて第三者に話す機会を持つ

精神分析および精神分析的セラピーにおいては，セラピーが首尾よく進むと，セラピーの中で今一体何が起こっているのかよく分からなくなってくることがある。精神分析の言葉で言えば，これは転移状況が煮詰まってきて，セラピストの中にも逆転移が一段と強く掻き立てられていることを示している。状況は一段と複雑になっている。

症例を選んでセラピーを始めればそういうことは起きないのかというと，そういうわけでもない。確かに神経症水準の症例の場合，激しい行動化を伴う症例のように治療そのものが脅かされることはなくなる。しかし，転移の隠微さ，あるいはその表現の巧妙さのためにむしろ治療が停滞したり，望まぬ方向に向かってしまったりすることもある。それぞれの難しさというものがあるものだ。

このようなことがあるので，精神分析および精神分析的セラピーの訓練においては，個人スーパーヴィジョンを受けることが必須であり，それは通常毎週行われる。その中で，セラピスト自身の盲点になっている転移と逆転移が第三者の立場から再検討される。セラピストと患者という二人では支えきれなくなっていたセラピーが，スーパーヴァイザーという第三番目の支点を持つことで，倒れずに姿勢を保ち続けることができるようになるのである。これを，セラピーにおける**三点支持の原則**と呼んでみよう。

それでは，精神分析的であることを特に意図しない，外構造化されたセラピーは，毎週の個人スーパーヴィジョンなしでは成り立たないのだろうか。そうではないと思う。個人スーパーヴィジョンが定期的にあった方がよいのはもちろんなのだが，スーパーヴィジョンの条件が整っていないと1回45分ないし50分の時間を取ったセラピーが全くできないということはないだろう。

定期的な個人スーパーヴィジョンの機会の有無が，外構造化されたセラピーを開始することを躊躇する理由となってはならないと思う。特に精神科医に言えることだが，スーパーヴィジョンに拘りすぎると，そもそも始めることができなくなってしまう。精神科医であれば，すでに相当な数の症例を経験し，支持したり助言をしたりする技術に関しては十分に身に付けているわけであるから，外構造化されたセラピーを行うことはそれほど難しいことではないだろう。始めてみると，5分，10分の診察の中では患者の口から出てこなかった話をたくさん聞くことができるだろう。

とは言え，孤独の中で外構造化されたセラピーを行うのはやはりよくない。三点支持の原則は，外構造化されたセラピーにも当てはまる。定期的な個人スーパーヴィジョンに代わる第三の支持点が必要なのだが，その可能性はいくつか考えられる。

一番目は，不定期でもよいので個人スーパーヴィジョンを受けることである。このオプションが一番分かりやすいかもしれない。

次に，グループ・スーパーヴィジョンあるいはそれに準ずるものを受けることである。グループ・スーパーヴィジョンは，典型的には，スーパーヴァイザーが決まっていて，そのスーパーヴァイザーに対してメンバーが順に症例を提示して助言を仰ぐという形式を取る。他のメンバーの仕事のやり方とそこに生じ得る問題点について学ぶ絶好の機会でもある。

症例検討会は，グループ・スーパーヴィジョンとは異なるものの，形

式によってはグループ・スーパーヴィジョンに近い機能を果たし得る。ただこの場合，習熟者が必ず一人はいて，その方がリードするような形になっていないと，スーパーヴィジョン的な効果を持ちにくい。

　以上のいずれもがない場合，どうしたらよいだろうか。なかなか難しいところだが，その場合は，思い切って同僚に話してみることも一つの手かもしれない。その際，患者の病理の話をして終わるのではなく，気持ちの入った話をすることが大切である。「うまく行かずに困っている症例がある」，「最近ある患者に腹が立っているがどうしたものか弱っている」などという気持ちを言葉することが大切である。自分の気持ちを率直に伝え，感想や意見を聞いてみるとよいだろう。これも意外と効果的である。患者との間で感じていた閉塞感が，同僚に話を聴いてもらったというだけでだいぶ和らぐものだ。セラピーにおける三点支持の原則を忘れると，患者との間で，「先生が悪い」，「いや，あなた（患者）が悪い」というようなシーソーゲームが起こってしまいがちである。そのようにならないように，あるいはなりかけてしまったらなるべく早めに，三点支持の原則に立ち戻り，対応することが重要である。

第二部
精神分析的アセスメント

第5章 精神分析的セラピーへの導入としての精神分析的アセスメント

　第一部では，週1回45分ないし50分の普通のセラピー（外構造化されたセラピー）を経験することの重要性，そしてその際の心得を述べた。普通のセラピーの経験を積んでいきながら，その中で構造化の内的側面について考え，無意識的世界を理解し，解釈していくようにしていくことで，徐々に精神分析的要素が加わっていく。そうすることで普通のセラピーを精神分析的セラピーにしていくことができることを論じた。精神分析的理解にもとづく支持的セラピーについては，そのようにして加えていった精神分析的要素を精神分析的理解を保ちながら逆方向に緩めていくこと，そしてそこに支持的セラピー特有の技法を加えることで対応可能であると述べた。このように，精神分析的アプローチへの大まかな入口とその後辿るべき道筋が分かったところで，第二部では精神分析的アセスメントについて述べる。第一部で，精神分析的アプローチには精神分析，精神分析的セラピー，精神分析的理解にもとづく支持的セラピーの三つがあることを述べたが，ここからは主に精神分析的セラピーを念頭に置いて話を進める。

精神分析的アセスメント面接の特徴

　精神分析的セラピーのためのアセスメント面接は，普通のセラピーの

ためのアセスメント面接と比較してどのような特徴があるのだろうか。精神分析的アセスメントでは，普通のセラピーの場合よりも，当然のことながら精神分析的に重要な観点を思い描きながら話を聴くことが多くなる。正確には，精神分析的観点を思い描きながら話を聴くという姿勢は，セラピストの自然な反応と連想を妨げる姿勢であり実はあまり精神分析的な姿勢ではないため，精神分析的に重要な観点が自然に思い描かれるようなこころの状態を保ちながら話を聴く，と表現した方がよいかもしれない。

　精神分析的アセスメント面接終了後にはフォーミュレーション formulation（定式化）とプラン plan（計画）を考えることになるが，それは精神分析的な観点が反映されているものでなければならない。そうすることで，その症例の精神分析的セラピーを進めていくとおおよそどのような経過を辿りそうか，どのような困難が考えられるか，予後はどうか，などを予測することができるようになる。そこに精神分析の専門用語を散りばめなければならないというわけではないのだが，精神分析的観点を持ちながらなされたアセスメント面接であることが分かるようなものを考えなければならない。

　例えば今，患者の両親との関係性についての精神分析的なアセスメントをすることを考えてみよう。セラピストはまず，母親および父親との関係性の歴史とその変遷などの客観的事実（そういうものの実在は疑わしくもあるのだが，その議論はさておき，通常客観的事実と言われているものをここでは指す），そして患者の意識的水準において言明可能な主観的体験を理解しようと努める。ここまでは，精神分析的であるかどうかにかかわらず，臨床の基本である。精神分析的アセスメント面接では，セラピストはさらに，リビドー・攻撃性，自我の防衛，超自我，エディプス状況，同一化などといった精神分析的概念が自然にこころに浮かびつつ，患者の直接的な言明の背景の無意識的生活に思いを馳せながら患者の話を聴き続けることになる。

普通のアセスメント面接の特徴

　一方，普通のセラピーのためのアセスメント面接は，精神分析的アセスメント面接の場合と違い精神分析的観点をそこまで念頭に置かずに行っても大丈夫である。例えば，患者の両親との関係性について言えば，両親との関係性に関する客観的事実，および患者の主観的体験の理解に留まってもよい。例えば，母親との良好な関係が患者の父親との競争関係にどのような影響を及ぼしたのかということは，最初から意識的水準で明確に語られることはほとんどないのだが，普通のアセスメント面接の場合，セラピストはそこから患者の無意識的世界に近づくべく掘り下げていくというよりも，患者の直接的な言明の精度を上げるべく努めるのである。

　しかし，普通のセラピーのためのアセスメント面接であっても，精神分析的アセスメント面接のための理解と技術を用いて問題になるわけではない。セラピーを開始するにあたって，患者の現在の状態やこれまでの発達歴などについて十分に知った上でセラピーが本当にその患者にとって適切な方法であるかを判断しなければならないのは，精神分析的か否かにかかわらずセラピーの基本である。普通のセラピーだからといって，患者の心的生活について詳細に知る必要がないということはない。精神分析的アセスメント面接は，普通のアセスメント面接の代わりになるような性質を持っているのである。逆に普通のアセスメント面接を精神分析的面接の代わりにするのは難しい。

　精神分析的アセスメントの中には，患者の心的生活に関する客観的事実や意識可能な主観的体験についての情報も含まれているし，また，精神分析的理解と通常の記述的理解とは相互排他的な関係にあるものではない。さらに，精神分析的な介入を焦って行うようなことがない限り，患者に関する精神分析的な理解がセラピーを妨げることにはならな

い。**精神分析的アセスメント面接は普通のアセスメント面接の内容を含むようなものなのである。**

　また，アセスメントを精神分析的に行うことは，精神分析的なこころ構えを要するものの，セラピーを精神分析的に行うことと比較するとまだ短期間に習得可能である。セラピーを精神分析的に行うためには，精神分析的なこころ構えを保ち，それを精神分析的な聴き方と介入につなげようとする長期にわたる持続的な意思が必要であるが，アセスメントは，それよりもずっと短期間の限局された集中によって可能なものだからである。

　したがって本書では，外構造化された普通のセラピーのためのアセスメント面接の方法を別に論じることはせず，精神分析的アセスメント面接の方法に集中する。普通のアセスメント面接は，精神分析的アセスメント面接を志向していれば，自然と施行可能になるだろう。

精神分析的セラピー開始前の精神分析的アセスメントは必須

　一番大切なことであるが，アセスメントなしに精神分析的セラピーを始めては決してならない。このことを繰り返し自分に言い聞かせることが重要である。アセスメントなしに精神分析的セラピーが開始されてしまった例として次のような場合を耳にすることがある：

- 患者が薬ではよくならないので，精神分析的セラピーを開始した。
- 原因不明の身体症状のある患者をセラピーに紹介されたので，無意識的葛藤が関係していると考え，精神分析的セラピーを開始した。
- 自傷行為があるので，無意識的世界を探究する必要があると考え，精神分析的セラピーを開始した。
- 精神分析的セラピーを専門的に学んでいるので，セラピーをするならば精神分析的セラピーが一番だと考え，精神分析的セラピーを開

始した。
- 患者が精神分析を希望したので，まずは精神分析的セラピーから始めることにした。

以上のような場合でも，もちろん精神分析的セラピーが適切な治療であることもある。しかし，精神分析的セラピーはふさわしくない可能性もある。どんな治療でもそうだが，「取りあえず精神分析的セラピーを始める」ということは決してあってはならない。精神分析的セラピーは，こころを深く探究するために，多大なエネルギーと長時間のコミットメントを要する営みである。しかも，そのプロセスの中での気づきが何らかの痛みを伴うことがほとんどだ。取りあえず精神分析的セラピーを始めるということは，外科で言えば，体の中で起こっていることについてアセスメントをすることなしに，取りあえず開腹手術や開胸手術をしてみるようなものである。こころを開けるという行為は大変侵襲的なものである。その前に，こころの中がどうなっているのかについての情報を可能な限り集めておくべきであろう。

アセスメント面接を提案する

患者が抱えている問題の解決に精神分析的セラピーが役に立つ可能性があるとセラピストが判断したら，次のステップはアセスメントのための面接を行うことを患者に提案することである。

アセスメント面接をどのように提案するかだが，これにはいろいろなパターンがある。まず，患者と会っているのが精神科外来なのか，セラピー・オフィスなのかによって違ってくる。また，患者がセラピーについてどれだけ知っているのか，特に精神分析的セラピーについてどれだけ知っているのかによっても違ってくる。

患者が最初からセラピーを希望してセラピー・オフィスを訪れたので

あれば，アセスメント面接を提案することは難しくない。セラピーを開始する前に，患者についてよく知り，その上でセラピーを行うのが良いのかどうか，また行うとしたらどのようなセラピーが良いのかを考えるために，何回か面接に来るように伝えればよい。精神分析的セラピーについてある程度知っている患者もいる（心理士や精神科医などの同業者の患者に多い）。そのような患者の場合，精神分析的セラピーは開始前にアセスメント面接を行うのが普通であることを知っていることが多いので，スムーズに勧めることができる。

問題は，もともとセラピーをするつもりで来たわけではない患者の場合である。精神科外来の患者はこれに当たることが多い。この場合，患者は毎週セラピーに通うことなど想定していなかった場合がほとんどなので，他の場合よりも説明を詳しくする必要がある。

ここで気をつけておきたいのは，セラピーに関心が明らかになさそうな患者には無理にセラピーを勧めないことである。セラピーが必要だろうとこちらで思っても，そういうことには関心がないということを伝えてくる患者は少なくない。セラピーに通うには大いに自発性が要る。服用するだけでよい薬と違い，セラピーは，ただ面接に来ればよいというものではない。時に辛い思いをしつつも，長期間にわたりセラピーに通い続け，さらにそこから得られた洞察や体験を実際に生かしていく必要がある。それは大変な作業で，受け身的にできることではない。

したがって，セラピーは説得して受けさせるようなものではない。自発的にセラピーを受けるつもりはあまりなさそうであるにもかかわらず，セラピストや家族が強く説得するとしばらくの間は通い続ける患者もいるが，そういう患者は辛い話題が出てくるとすぐに止めてしまう。

精神科外来を訪れる患者の中には，しかし，セラピーというオプションを自分では思いつかなかったものの，そういう治療法があることを説明すると，それこそが自分が受けたい治療だと積極的になる患者も少なからずいる。

精神科の薬に対する患者の態度を見ることが，患者がセラピーに対して積極的か積極的ではないかを見分けるのに参考になることもある。最初からなんの躊躇もなく薬をくださいという患者は，セラピーにあまり関心を示さないことが多い。一方，自分の問題は薬を飲んでも解決するようなものではない，と最初から言う患者もいる。自分の問題は自分の性格にあると薄々気づいていて，しかし性格的な問題が治療の対象になるとは知らず，どこに行ったらよいのか分からず精神科外来を受診する患者が時々いる。

気をつけなければならないのは，このような患者の一部は，薬だけではなくセラピーに対しても不信感を抱いていることである。そのような患者は，本人はもちろんそれに気づいていないのだが，セラピストに助けを求めるというよりも，セラピストを非難するために精神科外来を訪れていることがある。もちろん，こころの奥には依存したい気持ちと依存してしまうことの恐れが読み取れるのだが，そのことを扱おうとしても，治療関係がある程度確保できないと扱いようがない。コミットできないことを話し合うには，ある程度コミットしてもらわないといけないわけで，難しいところである。一部の患者は，方法によらず助けることが非常に難しいものだと考えて，そういった患者は無理に薬物療法やセラピーに導入しない方がよいだろう。

精神科外来の患者でセラピーの適応がありそうな場合，次のようなことを患者に説明するとよいだろう。1. 患者が訴えている問題は，主に脳や体の不調，あるいは環境の問題として説明されるようなものではなく，こころの問題だと思われること，2. 患者の問題に取り組むためには，患者が自分のこころの中を探っていくことが効果的であるかもしれないこと，3. そのような作業を自分ひとりでやっていくのは難しいので，セラピストと一緒に行っていく必要があるが，それはセラピーというものであること，4. 本当にセラピーを開始するのが良いのかを判断するために，患者についてもっと詳しく知っておく必要があるので，何

回かに分けてアセスメントを行いたいということ，である。

　セラピーから益を得ることのできる患者の多くは，このような提案を比較的すんなりと受け入れるものである。繰り返しになるが，この段階であまりにも難色を示す患者には，それ以上セラピーを勧めない方がよいだろう。あるいは，もうしばらく待ってから再度提案すべきである。同じ患者でも，半年後や一年後に再度セラピーの導入を提案すると，違った反応をすることがある。そういう患者は，セラピストを信じることができないのではなく，信じるのに時間のかかる患者なのである。こういった患者に最初からあまりに強くセラピーを勧めると，信頼関係をむしろ損なうことになってしまい，後になってもセラピーを始める決心がつかない原因になってしまうので注意が必要である。

アセスメントの長さと回数

　標準的なアセスメント面接のやり方は，1回の面接の長さをセラピーと同じ45分ないし50分とし，3回程度以上会うというものである。しかし，会う頻度は週1回などと決まっていなくてもよい。1週間以上間が空いてもよいし，極端に言えば2日，3日続けて行ってもよい。もちろん，その後のセラピーと同じ頻度（週1回や2回）で行えるのであればそれに越したことはないし，現実的な都合でそうなることが多いのだが，より大切なのは総時間である。そこが，セラピー開始後と違う。

　アセスメント面接は，時間の長さに関しても，セラピーの場合よりフレキシブルであってよい。すなわち面接時間を90分であるとか120分であるとかに長くしてもよい。もっとも90分や120分の面接は患者もセラピストも疲れるので，あまり長くしすぎない方がよいだろう。

　アセスメント面接の総時間が増えるのは問題がないが，それだけの総時間を取ることがそもそも難しい場合がある。個人オフィスの場合はそのようなケースはあまりない。終わるまで，アセスメント面接を続けれ

ばよいからである。さらに，個人オフィスの場合，スケジュールは自分で決められるので，1回の時間を長く取るなどの工夫もしやすい。

　しかし問題は，病院やクリニックでのセラピーなど，自分の決定権が及ばないところでアセスメント面接の回数が定められている場合である。そのような場合，必要な回数のアセスメント面接が終わっていないにもかかわらず，アセスメント面接の結果を出さなければならないという場合がある。

　そのような場合，どうすればよいのだろうか。残念ながら，素晴らしい解決方法はなく，現実的制約の中で最善を尽くすしかないのだが，一つだけ気をつけておいた方がよいことがある。それは，アセスメントが自分の中で終わっていないと感じているのであれば，仮にアセスメント面接の結果を出したしても，まだ本当は終わっていないのだと自分に言い聞かせておくことである。アセスメントを1回で終えなければならないという規則を持っている施設や組織が存在する。それはそれで仕方のないことだろう。しかし，自分の中では未解決のままに留めておくことが重要だ。まだ聞いていない情報は，セラピーを形式上開始したのちにでも患者から聞き出すことができる。まずいのは，アセスメントが終わっていないのに終わったと思い込もうとすることである。特に，1回しか会っていない患者ついては，まだ何も分かっていないと思っておいた方がよい。日によって受ける印象がまるで違う患者が少なからずいる。そのような患者は，自己イメージと他者イメージに大きな問題を抱えていることが少なくない。何回か会うことによって，そのような問題を早くに同定することができるかもしれないが，1回しか会わないと，そのような，いわば日を跨いだスプリッティングを見逃してしまうリスクを冒すことになる。

聞き漏らしを防ぐ

アセスメントにおいては，細かい情報をいかに得るかよりも，**大切な情報の聞き漏らしをいかに防ぐか**の方に力を入れるべきである。すなわち，**網羅性**が重要である。細かい情報は，セラピー開始以降でも，集める機会が十分にある。また，アセスメントの時に集めた情報は，必ずしも正しいとは限らない。最初に聞いたのとは異なる話が報告されることは稀ではない。患者の心的状況の変化に伴って，語られる心的現実もまた変わってくるということはしばしばある。そのように変化していく細部に囚われるよりも，患者の人生にとって大切な**基本的情報を知らないという事態を避ける**ことに努力を傾けるべきだ。例えば避けたいのは，セラピーを開始した後で次のようなことが明らかになるといった事態である（続けて挙げているのは，アセスメントが不足している領域として示唆されるものである。必ずその領域に問題があるという意味ではない）。

- 過去に衝動的に暴力行為に及んだことがあった。
    攻撃性（欲動）のアセスメント不足，衝動コントロール（防衛機制以外の自我機能）のアセスメント不足
- 多額の借金があり，セラピー代を安定して払うことができない状態だった。
    判断力・計画力（防衛機制以外の自我機能）のアセスメント不足，適応状況のアセスメント不足
- 仕事はきちんとこなしていたが，家に帰ると毎晩深酒をしていた。
    アルコールその他嗜癖物，嗜癖行為のアセスメント不足
- 性的虐待体験を持っていた。
    心的外傷体験のアセスメント不足

- 法的トラブルの只中だった（調停中，裁判中など）。

  攻撃性（欲動）のアセスメント不足，判断力・計画力（防衛機制以外の自我機能）のアセスメント不足，超自我機能のアセスメント不足，適応状況のアセスメント不足，関係性の質のアセスメント不足

- 深刻な身体疾患を抱えていた。

  身体疾患，身体的健康度のアセスメント不足

- 平均を顕著に下回る知的能力だった。

  知能（防衛機制以外の自我機能）のアセスメント不足

- 精神科入院歴があった。

  適応状況のアセスメント不足，現実検討能力・判断力・計画力・衝動性（防衛機制以外の自我機能）のアセスメント不足

- 他のセラピストにセラピーを同時に受けていた。

  判断力（防衛機制以外の自我機能）のアセスメント不足，正直さ（超自我機能）のアセスメント不足，関係性の質のアセスメント不足

　今挙げた例を見れば分かる通り，このような情報は，知っているか知っていないかによって治療方針が根本から左右されるようなものである。細かな情報はもちろんセラピーにおいて扱われる内容を左右するが，**治療方針に影響を及ぼすような情報は細かな情報よりも優先度が高い**ということを忘れないようにしたいところである。細かな情報を聞き忘れたとしても，後から情報を得ることで対応できることが多い。

　アセスメントを構成する重要な要素に限ってみてもたくさんの項目があり，圧倒されるかもしれない。第6章ではさらに多くの項目について触れている。しかし，すべてをアセスメントの段階で知ることはできないし，その必要もない。完璧主義を目指すが故にアセスメント恐怖症になっていては元も子もない。

完璧主義に陥らないことは精神分析的セラピストの重要な資質の一つである。完璧主義は，しばしば，超自我機能の頑なさに由来する。超自我機能の問題を抱える患者は多い。そういった患者に対応するためには，セラピストは，まず自分の超自我機能に関してある程度の柔軟さ（ルーズさのことではない）を持たなければならない。そうでなければ，患者の完璧主義を治療することは困難になるだろう。

トライアル解釈をしてみる

精神分析的セラピーのような洞察志向的なセラピーに向いている患者とあまり向いていない患者がいる。向いている患者かどうかの指標として，平均以上の知能であるとか，心理学的心性 psychological mindedness を持っていることなどが挙げられる。知能はある程度客観的に把握できるものだが，心理学的心性に関しては，客観的に把握することが難しいのみならず，主観的に把握することすら実は容易ではない。知能が十分にあると，流暢に語ることが総じてうまくなるため，一見心理学的心性を持っていると勘違いしてしまうことがある。しかし，注意深く聞くと，語られる内容が，心的には空疎だったり，常套句と化していることに気づくことがある。そのような語りをしている患者は，表面的な話しを続けることには長けていても，自らの心的深みに達することは苦手であることが多い。

アセスメント面接は，患者が精神分析的セラピーに向いているのかどうかを把握するための絶好の機会である。その中で用いることのできる技法に，**トライアル解釈**というものがある。セラピーの中で通常行う解釈と同じようなものをアセスメント面接の中で行ってみることである。もっとも，情報が十分ではない中で行うため，あまり練られていない解釈しかできないかもしれないが，それでもひとまず解釈を行ってみることである。その時の解釈は，情報不足から必然的にシンプルなものにな

らざるを得ないが，患者の情緒に触れつつ，かつ可能な限り**情緒の相異なる二つの面**に触れるようにするとよい。例えば，「あなたは奥さんにだいぶ怒っているようですね。でも奥さんなしでは生きていけないとも感じている」などといったくらいの解釈である。ポイントは，解釈が治療的効果を生むかどうかではなく，それに対して患者がどう反応するかである。心理学的心性を持った患者なら，このような解釈に対して，意外なことを聞いたというような表情を「そうなんですよ，だからますます腹が立つんです」などと答える。一方，まるでこちらの解釈を聞かなかったように話を先に進めようとしたり，「そうなんですかね」とは言うものの，それ以上考えようとしなかったりする患者の場合，こちらのトライアル解釈は患者のこころに届いていない可能性が高い。患者の解釈への抵抗を扱うのは精神分析的作業の一部であるが，最初から抵抗があまりにも強い場合，精神分析的セラピーをそもそも開始することすら危うくなる。

　トライアル解釈のもう一つの利点は，セラピストの専門性を患者に示すことができることである。自分が今まで考えたことがなかったような内容の解釈を聞いて，患者は，セラピストが自分の知らないことを知っていると実感し，その専門性に託してみようという気になるだろう。セラピストの専門性への信頼感は，もちろんある種の転移感情という意味もあるのだが，それが全くないと治療がそもそも成り立たなくなる。メンタルヘルスの専門家としてのわれわれの専門性を患者に早い段階で知ってもらうことは，患者のセラピーへの意欲を高める効果を持つ。

アセスメント面接の期間の延長

　アセスメント面接の回数は患者とセラピストという二人の組み合わせによって決まるものなので，標準的な回数というものはあってないようなものだが，およそ3回から5回程度であろう。しかし，患者によって

は，5回会ってもやはりどういう人なのかがよく分からないということがある。そのような場合，思い切って，アセスメント面接期間を延長し，納得のいくまでアセスメント面接を続けるべきである。そしてそうする場合，患者にきちんと説明することだ。すなわち，「今日で5回会って，あなたのことについていろいろとお話を伺いましたが，まだ分からないところがあるので，もうしばらくこれまでと同じように，あなたのことを知るための面接に来ていただけますか」と伝えることである。人によっては，10回あるいはそれ以上の回数が必要かもしれない。するとセラピーを開始するのは遅れるが，どんな人か分からないまま見切り発車するよりもその方がずっと良い。

心理テストについて

今日，さまざまな種類の心理テストが利用可能である。特に，ロールシャッハ・テスト，バウム・テストなどの投影法の心理テストは，無意識的世界に関する貴重な情報を与えてくれる。

しかし，心理テストをルーチンで施行することは特にお勧めはしない。ほとんどの症例では，心理テストの助けがなくてもセラピーの適応を見極めることができる。心理テストは，セラピストの判断を確認するためのものであると考えておいた方がよい。

判断の補助材料として，心理テストはたいへん役に立つ。したがって，心理テストをオーダーしやすい環境においては，どんどんオーダーするようにした方が良いのかもしれない。ただ，気をつけなければならないのは，患者が心理テストの結果にこころを奪われすぎてしまうという事態である。こうなると，心理テストとセラピストの間にある種のスプリッティングが生じてしまう。「前の先生はこう言っていましたけど」といった類の発言と同じように，「心理テストではこうなってしましたけど」，「心理テストの先生はこう言っていましたけど」といった発言を聞

くことになってしまう。

　もう一つ，心理テストをオーダーした結果，肩の荷が下りてしまい，肝心の面接におけるアセスメントが荒くなってしまう可能性が考えられる。これは気をつけなければならない。私の印象では，日本では心理テストが非常に多くオーダーされる。これにはコストの問題も関係あるのだろうが，米国では日本と比べて心理テストがオーダーされることは少なかった。基本的姿勢として，心理テストの助けなしに面接のみで判断できるだけの技量を身に付け，その上で，その判断の補強材料として心理テストの結果を用いるように心掛けるとよいだろう。

アセスメント面接の結果を伝える

　こうしてアセスメント面接が何とか終了したら，次はセラピー開始に向けて，その結果を患者に伝えることである。結果を伝えると言っても，そんなに大げさなことではない。簡単に，患者の問題点が大体どのようなところにあるのかを伝えることである。それは，詳細な力動的定式化でなくても良い。詳細な定式化をこの時点で完成させることが難しいということもあるが，それだけではない。そのような定式化を患者に伝えても，知的理解に留まるだけであることが予想されるからである。そもそも，この時点で得られた定式化は，セラピストの側でも，知的作業の結果であるにすぎない。精神分析的観点から見て大切なのは，知的理解よりも情緒的体験の方である。

　患者には，「あなたは権威者との間に難しさを感じているようですね。あなたの最近の不安はそこから来ているのだと思います」などといった程度の理解を伝えられればまずは十分である。それ以上細かくてもよいが，あまり無理はしない方がよい。トライアル解釈が多少無理して行われたものであったのとは異なる。

　この時点での解釈は，しかし，セラピーの基調テーマとなるものでな

ければならない。すなわちそれはセラピーのゴールに関してのこちらの意見を伝えることになる。それに対する患者の反応を聞き，そこでセラピーのゴールが二人で設定されることになるのである。そしてゴールに到達するための方法として，セラピーの構造が提示されるのである。

セラピーの構造の提示

　セラピーを勧めようとする時に考えなければならないのは，第一に，そもそも勧めるのか否かということということ，そして第二に，それでは一体どのような構造のセラピーを勧めるのかということである。第一の，セラピーをそもそも勧めるのか否かということを決めるのはそれほど難しいことではない。いかなるセラピーも勧められないような患者はあまりいないからである。ここでいう「いかなるセラピーも」の中には，頻度も面接の長さも決まっていないセラピーも含まれる。そのように考えると，除外される患者は，一緒に話をすることがそもそも勧められない患者ということになるが，そういう患者はごく稀である。反社会性の強い患者の一部は，人間的な接触を悪用しようという意図を持っている場合があり，そういった患者の場合はセラピーを行わない方がよい。あるいは，精神病性の混乱が激しく，他者に対する恐怖心にあまりにも圧倒されている患者の場合も，そのような判断を下さざるを得なくなるかもしれない。しかし以上のようなケースは稀であり，少なくともアセスメント面接まで進んだ患者の大部分は，何らかのセラピーを勧めてもよい患者であるはずだ。

　それでは，どのようなセラピーを勧めたらよいのかを考えるために，ここで勧めるべきセラピーの種類を改めてまとめてみよう。

1. 頻度も面接の長さも決まっていないセラピー

　これは，精神科の通常の外来で提供可能なセラピーである。支持的な

要素が多いが，精神分析的要素を部分的に取り入れることもできる。例えば，2週間に一度から1カ月に一度くらいの間隔で患者に来てもらい，15分から30分程度話をするといったものである。もっと短時間の場合もある。

　このようなやり方でも，患者によっては，十分に有効活用し顕著な改善を手に入れることもある。しかし，患者の健康度が高いか目標がかなり限局されている場合を除き，不十分と感じる結果になることが多い。このような頻度で会っていても話は少しずつ深まっていくのだが，時間の長さも頻度もあまりにも少ないため，それ以上に話が進展しないということを患者とセラピストの両方が感じ始め，結局二人が意識的あるいは無意識的に共謀し，話をそれ以上に発展させないようにしてしまうということが起こるからである。すると，話題がむしろ逆に減っていくということが起こる。一般に，頻度が上がれば上がるほど話題はどんどん増えていくと考えてよい。逆説的に聞こえるかもしれないが，週4回の精神分析では話題が尽きることはないが，月1回の短時間のセラピーではやがて話すことがあまりなくなったり，当たり障りのない話しかできなくなるということが起こる。

　このような理由から，頻度も面接の長さも決まっていないセラピーをあえて勧めることは，少なくともアセスメント面接に導入した患者に対してはほとんどないと言えるだろう。頻度も面接の長さも決まっていないセラピーとは，意図してそのようなセッティングを設けるというよりも，他の選択肢が選べず仕方なくそうなる，といったものだからである。例外として，アセスメント面接を行った結果，何らかの理由で頻度と長さが決まっているセラピーを勧めることができない場合が考えられる。そのような場合にどのように伝えるべきかは，少し難しいかもしれない。何回か詳しく話を聞いたことで患者の抱えている悩みの背景が以前よりも分かるようになってきたと伝え，アセスメント面接に臨んだ患者の労をねぎらいつつ，しかし頻度と面接の長さが決まっている本格的セラピ

ーを開始することは，今回は見送ると伝えることになるだろう。患者はこれを聞いて拒絶されたとがっかりしたり腹を立てたりするかもしれない。セラピーに期待していたのに断られたことをめぐっての患者のこころの痛みを受け止めつつ，しかしそれでも，難しすぎる，あるいは適切ではない治療を勧めることはしないセラピストであることが大切である。

2. 頻度と面接の長さが決まっている週1－2回程度のセラピー

アセスメント面接のあとに勧めるセラピーとして，ほとんどの場合は頻度と面接の長さが決まっている週1－2回程度のセラピーを勧めることになる。第2章で論じたように，構造化には外的側面と内的側面がある。構造化の外的側面には頻度と時間の長さが決まっていることが含まれる。一方構造化の内的側面とは，設定された構造を維持するためのセラピストの心構えのことであった。したがって，今ここで患者に勧めようとするセラピーにも，外的側面および内的側面両方の構造化を伴っているセラピー（あるいは単に，構造化されたセラピー），外的側面のみを伴っているセラピー（外構造化されたセラピー）の二つが考えられるわけである（内的側面とは外的側面を維持するための心構えのことであるから，内的側面のみが整っているセラピーというものは通常あり得ない）。

それでは，どちらのタイプのセラピーを選び，そしてそれをどのように患者に勧めたらよいのであろうか。構造化されたセラピーは，精神分析的な色の濃いセラピーとなる。一方，外構造化されたセラピーは，仮に精神分析の理解を用いることがあっても，どこかで精神分析的にすることを緩めているセラピーである。外構造化されたセラピーが構造化されたセラピーと比べて劣っているということでは決してないが，あまり精神分析的ではない。どれだけ精神分析的であるべきか，あることが可能かということは，個別の患者のニーズや病態，セラピストや施設側の事情などが複雑に絡み合って決まるものであり，それらを考えながら，

精神分析的な色合いの強い構造化されたセラピーを勧めるのか，あまり精神分析的ではない外構造化されたセラピーを勧めるのかを決めることになる。

　実のところ，構造化されたセラピーであっても外構造化されたセラピーであっても，患者への勧め方はそれほど変わらない。構造化されたセラピーにおいては，外的構造を守ること，守らないこと，変更することなどの意味付けがより重要になってくるが，それについての話し合いをリードするのはセラピストであるため，セラピーを始めるにあたって患者に説明することはそれほど違わない。予約変更やキャンセルのポリシーについて説明するときに，より厳密にそれらを設定したり，慎重に行うなどする必要があるが，それ以外はあまり変わらない。

　それではなぜ外構造化されたセラピーという選択肢を持ち出しているのかというと，それは厳密に構造化されたセラピー以外の選択肢がないということになると，頻度と時間の長さの決まっているセラピーを勧めることがそもそも困難になる可能性があるからである。

　セラピーを丹念に構造化することの重要性を知れば知るほど，それ以外のセッティングのセラピーでは不十分であるように感じられてくる。実際，精神分析が目指すところの無意識的世界の理解は，外的のみならず内的にも構造化されたセラピーでこそ可能になることが多いのだが，外構造化されたセラピーから得られるものも多い。少なくとも，外的構造すらないセラピーよりはずっと良い。特に，神経症水準の患者は，安定して頼れるもの（信頼できる他者のイメージなど）をこころの中にすでに持っていることが多いため，外的構造をめぐるやり取りがセラピーの中心的テーマになることはあまりない。したがって，構造化の内的側面の重要性は相対的に減じ，時間の長さや場所の設定は，文字通り時間の長さと場所のことを表すようになる。外構造化されたセラピーの有効性を過小評価する必要はないのである。

　また，**厳密に構造化されたセラピーを行える施設は多くない**という事

情もある。セラピスト自身が頑張っても，施設のさまざまな事情のために構造化されたセラピーを行うことが難しくなることがある。例えば，予約に関しての扱い（予約を取ること，キャンセル，変更など）を患者がセラピストを介さずに自由にできるような仕組みになっていたりすると（例えば受付に連絡してそこで予約に関して扱ってもらうことができる場合など），それだけで，構造化を維持することが相当難しくなる。そういうシステムを取っているのであれば，患者が受付に連絡して予約をキャンセルしたり変更することは合意されていることであり，そのことに関してセラピストに言わなかった，あるいは言えなかった理由について話し合うことはどこか不自然なことになる。セラピストは，なぜ前回の時に患者が自分に直接言わず，受付に連絡してキャンセルしたのだろうと疑問に思うかもしれない。しかし，それでよいと合意しているのであれば，疑問に思うセラピストの方が問題だという議論が成り立ってしまうのである。

　キャンセル料の問題がここに絡んでくる。患者は，次回来ることができない，あるいは来たくないことをセラピストに直接言いたくないが，しかしキャンセル料がかかるのが嫌で，キャンセル料がかかる直前のギリギリのところで（そういう取り決めがあればだが）受付に連絡してくるかもしれない。しかしこの場合も，そういう取り決めにすでに合意しているのであれば，セラピストがその「ギリギリさ」を患者の内的な困難と関連させて話題として取り上げることは難しくなる。キャンセルに転移的な意味があるのは明らかであっても，それについて考えるのを患者が回避できるシステムになっている場合，それを扱うのがそうでない場合よりも難しくなるのである。保険診療で行われるセラピーは外構造化のみがなされたセラピー（すなわち本書で言うところの外構造化されたセラピー）になりやすいが，その理由の一つはこのキャンセル料の問題である。

　もう一つ重要なことだが，患者によっては構造化されたセラピーに耐

えることが難しい場合がある。例えば、境界水準以下の一部の患者は、キャンセル料を払うということにそもそも耐えることができない。その結果、キャンセル料が生じることを知った時点で、あるいは最初にキャンセル料が生じた時点で収拾のつかない行動化を起こしたり、セラピーを止めてしまうことがある。あるいは、遅刻したことの心的意味を取り上げようとしても、いつになっても一向に関心を示そうとしないことがある。このような患者は、抽象的な言い方をすると、物事には二つ以上の意味があるということを受け入れられないのである。その結果、自分がキャンセルしたということは自分が面接に来なかったということ以上のことを意味することはなく（例えば、セラピストの予定に影響を与えたというもう一つのことを意味することはなく）、遅刻したということは遅れて来たということ以上のことを意味することはなくなる（例えば、セラピーで話すテーマが辛いので避けようとしたというもう一つのことを意味することはなくなる）のである。バス Bass, A. (2000) は、このような患者を「具象的な患者 concrete patients」と呼んだ。「具象的な患者」の多くは、境界水準の中でもより精神病水準に近いところで、あるいは精神病水準で機能している。これらの患者のセラピーでは、精神分析的な構造から生じるフラストレーションが彼らの自我の耐え得る範囲内に収まっているのかどうかを見極めることが重要である。その結果、構造化の内的側面に関してセラピストが探究を弱めなければならないこともある。

　外構造化されたセラピーの有効性と、それを選ばざるを得なくなる事情について述べたが、構造化されたセラピーが可能な環境があり、かつ患者が構造化されたセラピーに耐えられる場合、もちろん構造化されたセラピーを選択すべきである。この選択は、先ほど述べたように主としてセラピストの内部で行われるものである。この選択はあとから必要に応じて見直してもよい。しかし、構造化されたセラピーを行うと一度決めたら、セラピストは、それを見直さない限り、構造化について内的に

考える作業を継続的に行っていかなければならない。

週4－5回の精神分析

週4－5回のセラピーを勧めるということは，通常精神分析を勧めることを意味する。精神分析は，通常カウチを用いた上で自由連想を指示し行うものであり，週1回，2回のセラピーとは大分様相を異にする。頻度が異なるのみならず，介入の技法も異なっているのだが，本書で扱う範囲を超えているのであまり立ち入ることはここではしない。

実は，精神分析を行う訓練を受けた精神分析家であっても，週4－5回の精神分析をアセスメント面接後にすぐに勧めることはそれほど多くない。それよりもしばしばあるのは，週2回程度のセラピーをしばらく続けたのちに精神分析に移行するというパターンである(注3)。精神分析のプロセスは長く厳しいものである。その旅路に患者が耐えられるか，本当にそこまでする準備ができているのかを見極めるには時間がかかる。週2回のセラピーをしばらく行って，その中で機運が高まってくれば本格的な精神分析に移行することを考えるというのは実践的な方法である。

余談だが，現在でも，週4回以上をもって精神分析とする考え方が主流である。もっとも，北米や南米，フランスなどでは，以前から週3回の頻度で精神分析が行われていた。その流れは次第に強くなり，今では精神分析の世界におけるもっとも権威のある機関である国際精神分析協会も週3回の精神分析を認めている。精神分析の本質は頻度などの外的なことで決まるのではなく，無意識を探究する姿勢とその方法論，特に解釈を中心とする転移の扱いの徹底性にこそある。そのために，結果的に高頻度の面接が必要になるのだが，それが週3回であったり週4回であったりするのである。頻度そのものが本質的な指標であるわけではな

注3) International Journal of Psychoanalysis, Journal of the American Psychoanalytic Association といった精神分析の専門誌を読むと，そのように頻度を次第に上げていった症例をたくさん見つけることができる。

いのだが，私は，やはり頻度が高ければ高いほど精神分析はしやすいと感じている。週2回で精神分析を行うのは不可能とは言い切れないが，極めて困難であろう。最低でも週3回の頻度は必要であり，そして週3回よりは週4回の方が精神分析の作業は紛れが少なくなり，深まりやすい。しかしこの辺りはケースバイケースとしか言いようがないところではある。

第6章　精神分析的アセスメントのポイント①
——自我心理学の枠組みから

　本章と次章では，精神分析的アセスメントを行うにあたっての重要なポイントについて述べる。本章はその前半である。

　精神分析的セラピーにとって有用な情報は数限りなくある。あれもこれも重要だ，と聴取すべき項目をたくさん列挙することはできるが，それらすべての領域にわたって限られた時間の中で十分に詳しく聴取することは不可能である。特に精神分析的セラピーの場合，患者その人固有の人生全体を扱うわけであるから，単純に考えれば患者の全生活史をひたすら細かく知っていく作業が必要であるようにも思われるだろう。

　情報の完璧な聴取というものは存在しないし，人が自分自身を語るということに含まれる本質的な限界のことを思えば，特段望まれもしないものである。大切なのは，当たり前のことであるが重要な点については特に詳しく知ること，そして前章で強調したように，セラピーが成り立たなくなるような重大な聞き漏らし，見落としをしないことである。前者の点はそれほど難しくはないかもしれないが，後者の点はかなり気をつけて意識しておく必要がある。

　前章でも触れたように，精神分析的アセスメントにおいて**網羅性**は非常に大切である。しかし一方で，患者の人生という非常に長く複雑なことについて限られた時間ですべてを聞き取ることはほとんど不可能と言ってよい。したがってそれは実際上，**濃淡**を伴ったものになるしかない。すなわち，**網羅性の原則**と**濃淡の原則**が重要である。一般的なアセスメ

ントにも言えることなのだが，精神分析的アセスメントにおいては，網羅性の原則と濃淡の原則のバランスを意識してアセスメントを行うことが大変重要である。すなわち，全く聞いていない領域が生じないようにしながら，より重要なところはより詳細に聞くようにしなければならない。網羅性の原則と濃淡の原則は完全には両立しないので，濃淡をどのようにつけるのかが腕の見せ所である。患者の安全性が問題になっているとき（切迫した自傷念慮など），あるいは極めて外傷的なことが語られたときなどの際は，濃淡の原則を網羅性の原則に優先させなければならない。そのような場合，アセスメント面接の数を増やすなどの柔軟な対応が必要とされる。

　以下に精神分析的アセスメントにおいて重要なポイントや項目を示すが，当然のことながら，それらは機械的にチェックされるべきものではなく，今述べたような濃淡の付け方の参考になるべきものと考えていただきたい。

主　訴

　精神分析的アセスメントにおいてもっとも大切であるにもかかわらず意外と手薄になりがちなのは，主訴に関しての情報である。精神分析的に考えようとするとどうしても子ども時代のことなど患者の過去のことが気になってしまい，現在進行形の問題への注意がおろそかになってしまうということが，特に慣れないうちは起きやすい。セラピーにとって重要度の高そうな話題については念入りに話を聞くようにすると良いのだが，多くの場合それは**そもそもセラピーを受けに来ることになったきっかけあるいはそれに直接関連する話題であることが非常に多い。**

　避けたいことは，そもそもセラピーを受けに来ることになったきっかけをあまり聞かずに，発達歴の聴取に過剰に時間を割いてしまうようなアセスメントをすることである。そのようなアセスメントは，セラピス

トが自分の問題にあまり関心がなく，むしろセラピーをすることそのものの方により関心を持っているのではないかという気持ちにさせることだろう。

　例えば今，女性患者が最近ボーイフレンドに振られて落ち込んだことがきっかけで来室したところを考えてみよう。ボーイフレンドに振られて落ち込むことになった背景には，幼少期からの関係性のパターンが深く関与しているかもしれない。最初の異性対象である父親との早期の関係性はどうだったか，父親と患者の関係を母親がどのように体験していたと患者は想像していたか，その後男性とは患者にとってどのような存在だったか，思春期以降それはどのように変化したかなど，聞きたいことは山のようにあるだろう。しかし，それらを聞き出す前に，そもそもそのボーイフレンドとの関係がいかなるものであったのかを知らないのでは，患者の困難に関しての理解を進めようがない。ボーイフレンドとはどのように知り合ったのか，最初の印象はどうだったのか，どこに惹かれたのか，相手は自分のどこに惹かれたと感じていたのか，どのような付き合いをしていたのか，性的な関わりはどうだったのか，どのようなことが葛藤を引き起こしたのか，彼が去っていった表向きの理由は何だったのか，その理由に彼女は納得しているのか，納得していないとしたら本当の理由は何だったと彼女は想像しているのかなど，知りたいことはいくらでもある。最早期記憶を尋ねたり，定型夢を尋ねたりすることはもちろん重要であるし，必須であるとも言えるが，仮にそれらを漏らすことなく聞いたとしても，主訴についてほとんど聞いていないとしたらそれは問題である。

欲動（リビドーと攻撃性）・欲動派生物

　次に，フロイトの構造モデルを念頭においてアセスメントすべき事柄を考えてみよう。最初は，欲動である。第3章で紹介したように，欲動

とは性的欲求や攻撃性の一般的な概念化であり，欲動派生物とは欲動の個人的で特異的な現れ，特に願望を指している。精神分析的アセスメントにおいては，リビドーと攻撃性の強さと性質について推測し，その上で欲動派生物について探究することが大切である。

ここでいくつか注意が必要である。ここまで，欲動がリビドーと攻撃性から成ることを自明のことであるかのように述べてきたが，実際はそれほど自明ではない。フロイトも，欲動として当初はリビドーと自己保存欲動を挙げていたのだが（Freud, 1916-1917, p.355），そののちに考えを変え，生の本能と死の本能の二元論を唱えるようになったのだった（Freud, 1920）。フロイト自身，考えが揺れていたのである。

攻撃性は，死の本能という思弁的とも言える概念よりは広く受け入れられている。患者の攻撃性を垣間見ることは，臨床実践の場では日常茶飯事である。死の本能とは違い，容易に直接観察され得るものである。しかしそれでも，攻撃性が本当に一次的なものなのかについては意見が分かれるところである。例えば，自己心理学の創始者であるコフートが攻撃性を二次的なものだと考えていたことは有名である（Kohut, 1977）。

また，欲動を直接的に知ることはできないということに気をつけなければならない。フロイトにとって，欲動とはこころが身体と繋がっているがゆえに生じる，こころにとっての課題の指標のようなものであり（Freud, 1915a），われわれはその現れを間接的に知り得るだけである。欲動とは推測されるものであるとブレナー Brenner, C.（1982）が述べていたのはこのような事情による。欲動の強さと性質について，われわれは推測するしかない。実際には推測にすぎないにもかかわらず患者の何かを直接知り得たものと早合点してしまうことはあまり良いことではないが，それは欲動についても言えることである。

しかし，推測にすぎないという留保付きであることを忘れなければ，欲動という概念は役に立つし，臨床を進めていく上で必要でもある。欲動派生物，すなわち欲動に由来する具体的な願望に関して言えばわれわ

れはそれを直接知ることができるし，また欲動派生物の現れを駆動している欲動そのものについても，間接的にではあるがかなりの程度推測することは可能である。

　欲動派生物は，リビドー派生物と攻撃性派生物とに分けて考えることができる。リビドー派生物は，誰かをあるいは何かを求める気持ちとして理解するとよい。それは例えば，人付き合いが好きであること，昇進したい気持ち，趣味に向ける関心，などのことである。一方，攻撃性派生物とは，誰かをあるいは何かを傷つけたい気持ちである。人に対する殺意であるとか人を殴りたい気持ちは，攻撃性派生物の端的な例である。皮肉っぽさ，妬み，羨望，自滅傾向などは，攻撃性の表現の仕方が直接的でなかったり，相手ではなく自分に向いていたりという点で少し複雑だが，これらも攻撃性派生物として考えることができる。

　精神分析的アセスメント面接においては，欲動派生物およびその背景の欲動の流れ（と推測されるもの）を丹念に追っていくことが重要である。人生の各時点において，リビドーおよび攻撃性はどこに向けられていたと推測されるのか（欲動が備給される対象は何だったのか）。それはどのような強さと性質を持っていたのか。それは本来はどの対象に向けられていたものなのか（原初の対象は何だったのか）。リビドーと攻撃性の流れの歴史（変遷）はどのようなものか。リビドーと攻撃性の欲動派生物はそれぞれどのようなものか。欲動が，ある特定の欲動派生物として表現されるに至ったのは，裏返せば，他の形の欲動派生物には至らなかったのは，どのような条件下で起こったことなのか。聞くべきポイントはたくさんある。

　　ある男性患者は，受験競争を勝ち抜いた末に，第一希望の一流大学に入学した。入学してみると，周りには自分よりも優秀に見える学生がたくさんいた。その後彼は，勉学に興味を失い，大学にはあまり行かなくなり，代わりにサブカルチャー系のサークル活動に精

を出すようになった。そこでガールフレンドを見つけた。彼は，やがてそのガールフレンドといつも一緒に過ごすようになり，彼女と二人だけの世界に安住するようになった。しかし彼女との仲はあまり長続きしなかった。大学卒業後，彼は一流会社に入社した。彼は，自分が一流大学卒であることで，周囲からも一目置かれていると当初感じていた。しかしやがて彼の上司は彼の仕事ぶりに不満を感じ始め，彼にしばしば小言を言うようになった。彼の上司との仲は悪化していった。その頃から，彼は，机の上がきちんと整理整頓されているか，コンピューターで自分が行った計算が合っているかなどの細かいことが気になり，何度も同じことを確認するようになった。仕事をこなすペースが遅くなり，彼は焦りだした。上司からの視線がますます気になりだした。

　この患者の場合，一流大学に入学するという目標は欲動派生物として理解することができる。それは大学入学という目標に向かうという意味でリビドー派生物の側面を持っていた。この目標は同時に，そのためにはライバルに勝たなければならずそこに攻撃性を見ることもできるため，攻撃性派生物としての側面も持っていた。大学入学後は，競争を勝ち抜いた者のみとのさらなる競争の可能性に直面し，ガールフレンドとの一対一の関係性の中へと引きこもることによって（それは母親との一対一の関係性への退行のようなものである），ライバルとの競争の可能性から生じる不安を防衛していた。しかしこの安住の世界は長く続かなかった。患者もガールフレンドも，現実から離れて過ごし続けることは一定期間以上はできなかったのだろう。就職後，彼は再び競争に晒されることになったが，しばらくの間は，受験競争に勝利したこともあり，競争には決して負けないという幻想を維持することができていた。しかし，上司（父親のようなものである）の目からすれば，新入社員（父親のような上司から見れば子どものようなものである）の患者の仕事ぶりには

当然のことながら不十分な点が見られた。その結果，患者は一気にエディプス的葛藤の中に放り込まれることになり，不安が高まった。そこで動員されたのが強迫的な防衛としての確認行為だった。

それではこの患者の場合，なぜ欲動派生物は一流大学への入学希望として現れたのだろうか。それを知るためには，彼の生育歴および自我機能に関して十分に調べることが重要である。患者は，生まれつき勉強が得意で，あまり苦労せずとも良い成績を取ることができた（自我機能の一つである知能において秀でていた）。患者の父親は専門職に就いており，患者の家では，知的に優れていることは男性としての強さと直結していた。男性性の発露は，知的な強さ以外に，肉体的な強さであっても精神的な強さであっても良いのだが，患者の場合，環境と彼自身の自我機能の特性から，知的な強さのルートが選ばれることになり，したがって欲動派生物は大学入試で勝ち切ることという願望の形で表現されることになった可能性がある。

患者の欲動と欲動派生物に関連して患者の幼少期の関係性について知りたくなるのは，もはや必然であろう。すなわち，患者が幼い頃母親とどのような関わりを持っていたのかは，大学時代の彼とガールフレンドの関係のあり方を理解する上での有力な手がかりである。幼い患者と母親の二人を父親がどのように見ていたのかも自然と気になる。父親は家にはあまりいなかったのではないか，にもかかわらず患者にとって父親の力は極めて強大なものと映っており，とても互角に渡り合える相手ではないため距離を取るしかないと患者は感じていたのではないか，などと想像が膨らんでいくだろう。もちろんそれらはこちらの勝手な想像であるから実際には患者の話を聴いてみないことには分からないのだが，セラピストが精神分析的な心構えを保つことで，患者の発達歴および生活史に自然に関心が向いていくことが分かるだろう。

超自我機能

　次は,超自我機能である。患者は,何が悪いことで何が良いことであるかについて,どのように考え,感じ,そして行動しているのだろうか。その基準は,頑なに当てはめられているだろうか,それともある程度の柔軟性を持って当てはめられているだろうか。それらは,時と場合によらず,ある程度一貫しているだろうか,それとも一貫性のないものだろうか。超自我についてのアセスメントは,これらの観点を含んでいる必要がある。

　今述べたことは,次のように言い換えることができる。超自我機能は,第一に,自分はどのような人間で・あ・っ・て・は・な・ら・な・いと考えているのかということに関係している。すなわち,禁止したり,批判したり,罰したりする機能である。これが通常超自我機能として知られているものであり,ここではそれを**狭い意味での超自我**と呼んでおく。

　しかし,広い意味では超自我機能はそれだけにとどまらないことを押さえることが重要である。すなわち,超自我機能は,自分はどのような人間で・あ・り・た・いと考えているのかということにも関係しているのである。例えば,人が自分以外の人を傷つけたくないと考えるのは,自分以外の人を傷つけると罰せられるからだけではない。自分は自分以外の人に優しくするような人間でありたいと考えるからでもある。この機能は,**自我理想**と呼ばれることもある。自我理想と超自我機能を分けて考えることもできるが,広い意味で超自我機能を捉えて,その中に狭い意味での禁止的な超自我と自我理想があると考え,一緒にアセスメントした方がよい。

　その理由だが,その方がやりやすいという実践上の理由もあるのだが,そればかりではない。理論的にも,最初に過酷なまでに懲罰的な機能が生まれ（悪さを規定する機能；狭い意味での超自我の原型）,次に万能

的なまでに肯定する機能が生まれ（良さを規定する機能：自我理想の原型），最後にその両者が混ざり合って成熟した，広い意味での超自我が生まれると考えられているからである。狭い意味での超自我の原型は，**原始的超自我**，**迫害的超自我**，**超自我前駆体**などと呼ばれることもある。一方，自我理想の原型は，万能感に関係している。

「自分は全く駄目だ，能無しだ」とするのが過酷で懲罰的な超自我のあり方であり，「自分はなんでもできる，どんなことでもできる」とするのが万能的な超自我のあり方である。一方，「まあこんな感じでいいか」などと，程良いあたりに自分自身で判断して落ち着ける能力は，成熟した超自我のあり方を示している。

超自我機能が強すぎる患者は，自分がすべきことをしていない，あるいは自分がすべきではないことをしている，と自分を責める傾向が強い。逆に超自我機能が弱すぎる患者は，自分がすべきことや自分がすべきではないことをそもそもあまり感じることができない。

このように強すぎる超自我や弱すぎる超自我に加え，**まだらな超自我機能**というものもあることを覚えておくと役に立つ。これは，超自我機能がある時は過酷で，別の時には緩すぎるというものであるが，境界水準以下の患者にしばしば見られる。一見過酷であるだけ，あるいは弱すぎるだけの超自我機能を示す患者が，実際はまだらな超自我機能を持っていることが後になって判明することがしばしばあるため注意を要する。できればアセスメント面接の段階で，超自我機能のまだら化に気づいておきたいところである。

　　ある女性患者は，自傷行為をしないとセラピストと約束していたにもかかわらず，ある晩酒に酔っている間に気分が落ち込んで自分を傷つけたい気持ちになり，自傷行為に至った。その後，深酒や自傷行為をしないというセラピストとの約束が守れなかったことで自分を責めた。患者は，面接でこのことを話したくないと思い，次の

回の面接を無断でキャンセルした。その次の回に現れた患者は，前回の無断キャンセルをセラピストに詫びた。

　この患者の超自我機能を注意深く考えてみると，それがまだらな超自我機能に当たることが分かる。深酒や自傷行為しないという約束を破ったことは，超自我機能の弱さを示している。一方，酔った後の自分自身への攻撃的態度は，超自我機能の過度の強さを示している。さらに，面接をキャンセルするということは，毎回面接に来るというセラピストとの約束を再び破ることであり，ここでも超自我機能の弱さを示している。そしてその次の回でセラピストに詫びる患者は，過酷な超自我に再び囚われている。以上のように考えると，この患者の超自我機能はまだらであると理解することができる。

自我機能

　構造モデルに登場する心的機関の中で，残されているのは自我である。欲動・欲動派生物，超自我機能のアセスメントに加えて自我機能のアセスメントを行えば，フロイトの構造モデルにおける三つの心的機関をカバーしたことになる。欲動・欲動派生物や超自我機能の劇的な表現を見落とすことはあまりないだろうが，それらの劇的な表現に翻弄されてしまい，それらの背景に作動している自我機能について思いを巡らす余裕がなくなるということがあるかもしれない。しかし網羅性の原則を思い出しながらアセスメントに臨めば，自我機能のアセメントを失念してしまうという事態は避けられるだろう。

防衛機制

　自我機能のアセスメントをする際には，それを防衛機制と防衛機制以外の自我機能に分けて考えるとよい。防衛機制は，こころが危機に陥り

そうになった時にこころを守るための方策のことであり、意識的にも無意識的にも用いられる。一方、自我機能は防衛機制だけではないことを忘れてはならない。これは米国のハルトマン Hartmann, H.（1939）が「葛藤のない領域 conflict-free sphere」において担われる自我機能として論じたものであり、知覚、思考過程、現実検討能力、判断力、論理力、衝動コントロールなどを含む。

　ハルトマンの目論見は、精神分析を一般的な心理学に拡張することにあった。ハルトマンは、葛藤の分析を超えて葛藤領域外に精神分析理論を拡張しようとしたのであるが、その結果、その精神分析理論は、どこか常識的すぎるように聞こえてしまうものになった。

　余談だが、ハルトマンは今日の日本においてほとんど読まれていないだけでなく、米国の精神分析研究所においても、実はあまり読まれていないのが現状である。米国の自我心理学を代表する名前は、ハルトマンよりも、ブレナーやグレイ Gray, P. といった名前である。ハルトマンは精神分析臨床家としてよりも精神分析理論家としての功績の方が大きく、後の世代の自我心理学的分析家たちの活躍の基礎を作った人物と位置付けるのが適切である。このようなわけで、ハルトマン流の精神分析的セラピーというものがあるわけではないのだが、それでも、自我機能に関してハルトマン的考え方を身に付けておくことは精神分析的セラピストにとって必須であろう。

　具体的な防衛機制の話に移る。防衛機制は、成熟した防衛機制 mature defense mechanisms、神経症的防衛機制 neurotic defense mechanisms、原始的防衛機制 primitive defense mechanisms に大別されることはご存知の方も多いと思う。主な防衛機制を表2に掲げる。

　防衛機制の数はここに挙げただけではない。たくさんの防衛機制があるのだが、一つ一つについては、例えば『精神分析事典』（小此木（編），2002）や『パーソナリティ障害の診断と治療』（McWilliams, 1994）などに詳しい。そちらを参照していただくことをお勧めして、ここでは防

表2　主な防衛機制

成熟した防衛機制	昇華，愛他主義，ユーモア，抑制
神経症的防衛機制	打ち消し，知性化，合理化，隔離，抑圧，反動形成，置き換え，身体化
原始的防衛機制	否認，原始的理想化，スプリッティング，投影同一化，万能感，行動化，取り入れ，脱価値化

衛機制を考える上でのアセスメント上のコツをいくつか述べておきたい。

　第一に，防衛機制をアセスメントしていることを意識し，**防衛機制として同定し得たと思えたものがあれば，それに名前を付けてみる**ことを心掛けることが重要である。ここで大切なのは，目の前での患者の語りから理解される防衛機制が，本に書いてある通りのものでなくてもあまり気にしないことである。とにかく名前を付けてみることで，同様の名前の付く防衛的動きが他にもあるのかどうかが見えやすくなる。逆に，防衛機制を同定することをそもそも全く意識していないと，防衛機制の存在は見えてこない。**意識していないものはその存在が見えてこない**のである。

　第二に，防衛を考えるときは，必ず，防衛に加えて**防衛されているもの**を同時に考えることである。解釈の技術に関わることだが，患者の用いている防衛を指摘する際に，防衛のみを伝えてもあまり効果がない。防衛とそれによって防衛されているものを表裏一体の形で提示する必要がある。例えば今，置き換えの防衛機制を患者が用いていることを患者に指摘（解釈）することを考えてみる。置き換えは夢の中で頻繁に用いられる防衛であり，患者がそれほど親しくもない人物に強烈な情緒（怒りなど）を感じている夢のシーンを聞くことがしばしばある。そのようなときには，「あなたが夢の中で憤って怒鳴りつけていた相手は，あなたのことを受け入れてくれなかった父親を表しているのでしょう」とだけ解釈するかわりに，「あなたが夢の中で憤って怒鳴りつけていた相手

は、あなたのことを受け入れてくれなかった父親を表しているのでしょうが、あなたがあなたの父親に対してそれだけ憤っているということはあなたにとってとても不安を掻き立てるものなのでしょう。だから夢の中では父親の代わりに他の人として登場させるしかなかったのでしょう」と解釈することが重要である。そこからさらに、患者の不安が父親からの復讐に関するものであることが明らかになっていくかもしれない。

防衛的動きに名前を付けてみることによって、患者が自分自身のこころを守ろうとするパターンには、ある特徴があることが分かってくるはずである。そして、防衛機制と防衛されるものを対として的確に把握することを心掛けることによって、セラピーの作業はずっと重層的なものになる。

防衛機制以外の自我機能

防衛機制の分析と並行して、ハルトマンの言うところの「葛藤のない領域 conflict-free sphere」の機能、すなわち、知覚、思考過程、現実検討能力、判断力、計画力、論理力、衝動コントロールなどのアセスメントを行わなければならない。

これらのアセスメントは、一般的な精神医学的アセスメントおよび臨床心理学的アセスメントとかなりの部分重なる。ここでは、精神分析的アセスメントの際に特に注意すべき点として、防衛機制以外の自我機能の中でも、特に現実検討能力と衝動コントロールについて少し詳しく考えてみる。

余談だが、精神分析的セラピーの絶対的禁忌というものはそれほど多くない。通常の精神分析的セラピーの方法をそのまま用いることはできない状態であっても、注意しながら技法を修飾すれば、精神分析的セラピーをある程度行うことはほとんどの症例に対してできるからである。しかしそれでも、急性の精神病状態や躁状態、重症のうつ状態、進行した認知症、ごく軽度のものを除く知的障害、その他重度の自我機能障

害（ハルトマンの「葛藤のない領域」の障害）を抱える患者に精神分析的セラピーを行うことは非常に困難であり，時に有害ですらある。これらの患者に対しても状況によっては精神分析的セラピーができるかもしれないが，通常は不可能であるため，絶対的禁忌と言ってもよいだろう。一方，一過性の，あるいは軽度の精神病症状の存在，アクティヴに続いている行動化や各種嗜癖（アルコール嗜癖，薬物嗜癖など），疾病利得の存在，反社会的傾向，中等度の自我機能障害などは，精神分析的セラピーの相対的禁忌になる。精神分析的アセスメントにおいては，絶対的禁忌と相対的禁忌を見極めることが目標になる。防衛機制以外の自我機能について丹念に調べることは，絶対的禁忌と相対的禁忌の見極めというこの目標のために極めて重要である。

現実検討能力

精神分析的セラピーにおいては，現実検討能力の詳細なアセスメントは一般的な臨床の場合よりもさらに重要である。幻覚や妄想の存在の有無を確認するのはもちろんだが，精神病症状の出現には至っていない，軽度の現実検討能力の障害の有無を確認する必要がある。このことが問題になるのは，通常，境界水準のパーソナリティ障害の患者の場合である。境界水準のパーソナリティ障害は，正常な現実検討能力，同一性の拡散，原始的防衛機制の使用によって神経症水準および精神病水準のパーソナリティ障害から区別される。境界水準のパーソナリティ障害においては現実検討能力は正常とされているのだが，一時的に障害され，その結果一過性の精神病状態に陥ることもある。一方，精神病水準のパーソナリティ障害においては，現実検討能力はベースラインにおいて障害されている。現実検討能力が時に障害されるのが境界水準であり，ベースラインで障害されているのが精神病水準である。

複雑なのは，ここでいう精神病水準というのは必ずしも統合失調症などの病態を指しているわけではないということである。幻覚妄想を呈す

るには至らなくても，現実を現実として認識する能力がベースラインにおいて何らかの形で障害されているような水準のことを指している。精神病水準における現実検討能力障害は，幻覚妄想以外の微妙な現れ方をすることがあるのだ。それは，自分の行動（例えば，夏なのにマフラーを巻いて手袋をしているという行動）の奇異さを認識できない，自分の万能的空想（例えば，「セラピストの力量は自分をうまく治せるかどうかにかかっている」という空想）の空想性を十分に認識できない，などといった形で見られることがある。そのような障害があるのかどうかを，境界水準と思われる患者のアセスメントの際には念入りに見極めなくてはならない。

　境界水準の患者の場合，患者の行動の奇異さや空想の万能的性質を指摘すると，それらをしぶしぶではあっても認めることができる。すなわち，そのような患者は，「変わっていると思うのは分かりますが自分ではそれでもいいと思うんです」，「私を治せないからといって先生が誰も治せないというわけではないというのは分かりますが，そう考えるのは嫌ですね」などと言うことができる。一方，精神病水準の患者の場合，セラピストの指摘は，境界水準の患者の場合のように患者を現実に引き戻す代わりに，患者を混乱させ，現実から離れた方向に患者を向かわせてしまう。

　このような微細な現実検討能力障害であっても，転移を扱うに当たって大きな障壁となる。特にパラノイド（被害的）転移を扱おうとする場合，現実検討能力に危うさがあると，パラノイド傾向と対比させるべき現実を患者に提示することができなくなる。パラノイド傾向がパラノイド傾向であると理解されるためには，セラピストは職業として患者の治療に携わっている以上患者を迫害しても何も得ることがないという現実を，患者はしぶしぶであれ受け入れることができなければならない。それができない場合，セラピストに迫害されているという感覚がパラノイド傾向を示していることを患者に示すことができなくなる。セラピスト

からの迫害は現実のものとして扱われることになるからである。

　衝動コントロール

　患者が一体どの程度衝動をコントロールできるのかをよく知っておくことは，特に治療の継続性を確保する上で大変重要である。衝動コントロールの問題の一番分かりやすい例は，激しい行動化である。イライラしたために突発的に乱暴な口調で怒鳴りつけたり，さらには暴力行為に至る場合，それは患者の衝動コントロールが障害されていることを示している。各種の自傷行為も同様である。自傷行為や他害行為はあらかじめ考えられた上で行われることもあり，その場合は理屈上は衝動コントロールの問題には含むべきではないのかもしれない。しかし，暴力行為が衝動性を全く伴わずに起こり得るかというと疑問であり，やはり何らかの衝動コントロールの問題を含んでいると考えた方がよいかもしれない。

　衝動コントロールの問題は，慢性的には，もっと緩やかな行動化や各種嗜癖といった問題につながる。ここでいう緩やかな行動化とは，例えば職業や専門領域を頻繁に変えること，性的パートナーを短期的に変えること，新しいことを次々と始めること，などのことを指す。これらの問題が続いていると，セラピーにおいて扱うべき問題は面接室の外側で行動的かつ刹那的に扱われてしまうことになる。面接室の外で処理されてしまえば面接室の中で扱う必要もないことになる。また，行動化や嗜癖に伴う一時的な高揚感や爽快感は，セラピーによって少しずつ得られていく内的充足感とは質を全く異にする。セラピーを通して得られる変化の感覚は安定していて永続的であるが，行動化や嗜癖のように刹那の充足感をもたらすわけではないため，患者によっては行動化や嗜癖の方に流れ，結果としてセラピーの中で短期的欲求不満を耐えることを回避し，その代償として長期的不全感を抱えることになる。

　面接の中では，衝動コントロールの問題は，患者の遅刻や無断欠席，

治療中断の脅しなどと関連している。面接の中で辛い内容を話した後には,「もうセラピーには行きたくない」と感じることもあるだろう。しかし,そう思うことと実際に休んでしまうことの間には大きな隔たりがある。自分の中に生じた「もう行きたくない」という気持ちを行動に移してしまわずに,こころの中のこととして話すことができるかどうかが問われる。

衝動コントロールの悪い患者の治療は,「火事で燃え盛っている家の中で将棋を指す」ようなものになってしまうのである注4)。とても落ち着いて指せたものではない。患者によっては,なぜリストカットなどの衝動的な行動を続けることがセラピーの妨げになるのか,なかなか理解できない場合もある。そのようなとき,今挙げたようなたとえを思い描きながら,その場に合った表現で同じような内容を患者に伝えると良いだろう。

適応状況

欲動・欲動派生物,超自我機能,自我機能とひとまとめに考えるとアセスメントすることを忘れにくいことを述べた。自我心理学の基本図式を頭に入れておけば,これらのどれかが抜け落ちるということはない。自我心理学の基本図式を完成させるための最後の重要な要素は,外的現実への適応である。フロイトは,外的現実を,宥和的なものというよりも,過酷に人間に直面化してくるものとして考えていた。自我は,生物としての個体と外的現実の折り合いをつける必要性から生じるものである。外的世界への**適応**の状況についてアセスメントすることは,自然な

注4) この言葉は,米国の精神分析家ドンネル・スターンの表現を日本風に言い換えたものである。筆者が参加したある症例検討会で,スターンは,「火で燃え盛っている家の中でチェッカー(checkers:ボードゲームの一種)をするようなもの」という表現を用いて,その症例の問題点を指摘した。

発想である。

　精神分析的セラピーは心的内界を探索するものであるから，適応状況は重要ではないのではないか，という意見を耳にすることがある。それは一面で正しい。精神分析的セラピーは，外的現実そのものに働きかけるようなセラピーとは180度反対の方法論を持っている。適応状況の改善を直接的に目指すような方法ではないのである。

　しかしそれでも，適応状況についての情報はいくつかの理由から非常に重要である。一つには，適応状況について知ることによって間接的に患者の内的世界を知ることができる。外的世界への適応が内的世界をいつも反映しているかというともちろんそうではない。適応状況が悪いからといって内的世界が必ずしも混沌としているわけではないし，内的に荒んだ生活をしている患者が外的には煌びやかな生活をしているということもある。だが，内的世界に深刻な問題を抱えた患者は，多くの場合外的世界にその問題を漏らしているものである。したがって，詳細に見ていけば，外的適応状況の中に内的世界の病理が見えてくるものだ。

　また外的適応が良いことは，セラピーの重要な支えである。社会的にも経済的にも安定して生活を送れていれば，患者は安心して心的内界の探索に集中することができるだろう。逆に，外的適応が悪いということは，セラピーに対する逆風である。日々の生活を円滑に回していくための生活基盤がなければ，自分のこころをじっくり感じていくことは難しくなる。先ほど衝動コントロールのところで述べたのと同じように，そのような条件下のセラピーは，「火事で燃え盛っている家の中での将棋」になってしまうのである。

　具体的な例として，しばしばあることだが，配偶者との間に深刻な葛藤を抱えている患者のセラピーが挙げられる。配偶者との関係は生活の基盤であり，ここに大きなひびが入っていると，そこにどんどんエネルギーを吸い取られていく。せっかくセラピーに来ても，自分がこころの奥深くで感じている思いを言葉にしたり，これまでの人生をゆっくり振

り返ったりする代わりに，配偶者に対する怒りや非難を吐き出すだけになってしまう。極端な場合，離婚調停中であったりすると，そちらがまず落ち着いてからでないとセラピーを続けることは難しい。離婚調停中にセラピーを続けるとしても，それは現実の困難を生き続ける患者をサポートすることが主な目的となる。

第7章　精神分析的アセスメントのポイント②
――関係性, 発達歴, その他

　前章では, 主に自我心理学の枠組みを念頭にアセスメントすべき項目を考えた。本章は, 精神分析的アセスメントのポイントの後半である。関係性, 発達歴, その他の重要なポイントについて述べる。

関係性

　最初に, 自我心理学と並ぶ強力な参照枠である関係性理論の枠組みから導出される項目を考えてみる。ここで, 関係性理論という言葉を用いたが, それはここでは, 欲動とその防衛の布置よりも関係性のプロトタイプとその展開を中心に分析を進めるアプローチ全体を指している。具体的な学派の名前で言うと, クライン派, 英国独立学派, 対人関係学派がこれに含まれる。また, さまざまな関係性理論を多元的あるいは折衷的に用いる学派は, 関係学派と呼ばれる緩い学派的グループを形成している。
　さて, 関係性理論の考え方によれば, 人間は生まれながらにして相手（対象）を求めている。そして相手を求めること自体が根源的な欲求である。フロイトが考えたように, 性的欲求（リビドー）が先にあってそれを満たすために相手があるのではない。正確に言うと, 関係性理論の中でも, 人間はリビドーが生まれながらにして作動しているために相手と生まれながらにしてつながっているとする考え方（リビドー理論にも

とづく関係性理論）と，リビドーという概念を介在させずに，人間は根源的に相手と関係を持つことを求めるとする考え方があるのだが，その差異にはここでは立ち入らない。大切なのは，どんな場合でも相手とつながっている存在として患者をみなすかどうかである。関係性理論にもとづく人間は，一人きりで部屋にこもっている時であっても，空想の中で他者と密に関わっているのである。

　関係性をアセスメントする際に気をつけるべき点の一つは，関係性はいくつかの種類に分類されることを押さえることである。分類の一つ目の軸は，現在と過去である。これは分かりやすい。一方，初学者にとってより難しいのは，現実の関係性以外に空想（ファンタジー）の世界における関係性の存在を忘れないようにすることである。現実の関係性のことを**対人関係**と言い，空想上の関係性のことを**内的対象関係**と言うこともある。対象関係という言葉を単独で用いる場合，内的対象関係のことを指している場合の方が多いが，対人関係のことを含んで関係性の総体を指している場合もあるので，言葉が使われている文脈に注意しなければならない。

　現実の関係性と空想上の関係性の違いの例を挙げよう。今，患者が「おはよう」と挨拶した大学の友人が不機嫌そうな顔をしたという話を患者から聞くとしよう。友人が無愛想だったので患者が傷ついたのだろうという辺りまでは難なく想像がつくかもしれない。しかし，精神分析的セラピーにおいては，患者の空想の世界にまでもっと大胆に入り込みたいのである。患者は不機嫌そうだった友人とどのような関係性を空想の中で持っていたのだろうか。そこを聞きたいと思わなければならない。そのようなことに関して，例えば，「その友人はどんな気持ちだったとあなたは想像しましたか」といった質問をすることによって，「きっと私のことを，『ああ，まだこの人ここにいたんだ。さっさと退学すればいいのに』と思っていたんでしょうね」などという答えが導き出されるかもしれない。そうであるならば，患者のこころの中では，患者は友人

に「ここに一緒にいたくないほど嫌な奴」だと思われており，そういう友人と一緒にいる自分を朝の挨拶のときに体験していたということになる。これが患者の生きている内的な世界なのである。それは，単に挨拶をした友人が不機嫌そうだったというだけにとどまらない過酷さを持っている。患者は空想の中においては忌み嫌われた存在であり，それが患者が内的に生きている関係性なのである。

　関係性のアセスメントにおいて気をつけるべきもう一つの点は，一つの関係性を同定したらそれと**反対の関係性の存在**に留意することである。ここで，反対の関係性という言葉が意味していることは二つあるので注意が必要である。第一に，それは主客が転倒しているという意味での反対である。酷く自分を罵る相手と罵られる自分という関係性が同定されたら，逆に，患者の方が罵る側に回っている関係性がないかどうかに気をつける必要がある。多くの場合そのような関係性を同定することができるだろう。第二に，関係性にまつわる情緒の性質が反転された関係性が存在していることが多い。すなわち，憎しみ合う関係性を現実に，あるいは空想の中で生きている患者は，万能的に守ってくれる関係性を現実の中に，あるいは空想の中に保持しているものである。このことは，第9章「解釈の技術」の中でも再度取り上げる。

　一つの関係性だけでなく，その**周辺の関係性の存在**に留意することも重要である。何のことか分かりにくいかもしれない。一番分かりやすく，そして重要なのは，外傷的な関係性が存在するときに，その外傷的関係性の痛みを共有してくれるような存在との関係性があったのか否かに注目することである。外傷（トラウマ）は，それ自体外傷的であるのみならず，外傷的体験の辛さを共有してくれる存在がなかったときにさらに外傷的なものとなり，いわば二重の外傷性が生じることになる。そして，外傷体験に悩む患者の多くは，この外傷の二重性にこそ悩んでいるのである。

　周辺の関係性のもう一つの例は，嫉妬のそれである。これは，外傷の

二重性の場合に比べるとその深刻さは若干軽くなるが，見落としがちなので注意しなければならない。一番の典型例はエディプス状況である。一つの関係性がうまく行っているときに，そこから排除されている第三者がそのうまく行っている関係性に実際に干渉してくる，あるいは干渉してくるという空想を患者が持つことがしばしばある。

　アセスメント面接の中では，以上のように関係性について詳細に検討することを過去から現在に至るまで行うのだが，その中に注目度の濃淡が生じることは当然のことである。精神分析的観点からすると，特にいくつかの時期については綿密に検討したいところである。注目する時期に濃淡をつけることで，時間の制限という現実の中で効果的なアセスメントを行うことができる。特に大切な時期の考え方はさまざまだが，ここでは，産前産後，離乳期，エディプス期（3歳から5歳ごろ），思春期を挙げてこう。これらの時期が特に大切なのは，対象希求性の増大，対象との離別，欲動の高まりなどの変化の時期だからである。**最早期記憶**を聞くことが重要なのは，それがこれらの重要な時期における何らかの直接的記憶あるいはその隠蔽記憶[注5]と関連していることが多いからである。

発達歴

　発達歴を詳しく聴取することは，精神分析的セラピーに限らずどのようなオリエンテーションのセラピーであっても基本中の基本であるが，ここでは精神分析的セラピー特有のポイントについて述べる。

最早期記憶について尋ねる

　最初のポイントは，最早期記憶の重要性である。他の種類のセラピー

注5）重要な記憶の代わりに用いられる記憶。p.111 を参照のこと。

と比べて，精神分析的セラピーは過去を重視し，さらに過去の中でもより早期へ早期へと遡る傾向がある。

どの時点を持ってそれ以上遡れないほどの早期であると考えるのかは，精神分析内でも学派によって考え方がまちまちである。自我心理学派の考え方によれば，人間の記憶能力がある程度信頼できるものになるまでには時間がかかるため，生後間もなくの記憶というものは精神分析的作業には用いることができない。それではいつからの記憶ならば用いることができるのかというと，それはエディプス期（3歳〜5歳）前後以降のことになる。自我心理学がエディプス・コンプレックスの分析を重視するのは，このことからも道理である。一方，クライン派の分析家は，エディプス期以前すなわちプレエディプス期における記憶をも重視する。

このように，「早期」が何を意味するのかはさまざまであるが，とにかく早ければ早いほどよいという考え方が精神分析の内部にはあるように思う。後に述べるように最早期記憶の概念はいろいろな問題を含んだものなのだが，それでも，アセスメント面接の際には最早期記憶について患者に質問してみることをお勧めする。「覚えている限り一番最初の記憶は何ですか？」などと直接聞くことである。多くの患者は，この質問にかなりの興味を示す。

最早期記憶が得られたならば，続いてそれについて患者と自由に話し合うことが重要である。その時に，その記憶における情緒の質に留意することが重要である。

　　ある患者の最早期記憶は，「母親の背中におんぶされながら飲食店から出て来たところ，上から誰かに睨まれていると感じた」というものだった。その時の感覚について聞くと，患者は，「生まれてきては良くなかったという感じがあった」と述べた。恵まれた環境で育ったこの患者は，職業選択に大変な困難を感じ来談したが，その最早期記憶の中にその後の人生の困難を見ることができる。すな

わち，衣食は足りているのだが（母親の背中という安住の場所があり，また飲食店でお腹も満たされている），誰かが「上から目線」で自分がきちんとした仕事に就くのかどうかを監視しているという構図である。

　最早期記憶を聞いたあとにそれをどのように扱うかは，夢の分析にどこか似ているところがある。すなわち，登場人物との関係性，そしてそこに渦巻く情緒に思いを馳せながら患者とそのシーンについてじっくりと話すことが大切である。その結果セラピストの心に浮かんだ理解を共有してもよいかもしれないし，その時は何も言わずに，その記憶の意義が後になってもっと高まるまで待っていてもよいかもしれない。その辺りも夢分析と似ている。

　それでは，先ほど少し触れた最早期記憶の概念の問題とは何であろうか。一つには，発達的に早期であればあるほど重要であるという精神分析の基本的発想の問題である。精神分析理論は，発達早期に人間の精神の基本的なあり方がほぼ決定されていると考え，その後の関係性を発達早期の関係性の焼き直しと見る傾向がある。しかしそのような考え方に異を唱えた分析家がいる。その代表はミッチェル Mitchell, S. A. だが，彼によれば，精神分析理論のそのような発想は「発達の片寄せ developmental tilt」（Mitchell, 1988）であって，必然性を欠くものである。ミッチェルは，それよりも，関係性は織り上げられては解きほどかれるペーネロペーの織り物のようなものとして考えた方がよいと論じた[注6]。

　もう一つの問題は，最早期記憶が後から作られた記憶である可能性である。この問題はフロイトによってすでに認識されていた。記憶は都合の良いように書き換えられたり，他の記憶で置き換えられることがある。

注6）ペーネロペーはギリシア神話に登場する女性。夫のオデュッセウスの不在中，たくさんの求婚者に閉口したペーネロペーは，織り物が完成したら一人を選ぶと言いつつ，織り物が完成しそうになると夜それを解きほどくことをひたすら繰り返していた。

しかもそれが時間の前後を無視して起こったりするのである。「**隠蔽記憶 screen memory**」(Freud, 1899) の問題である。無意識の中では，因果関係は通常のように過去から現在そして未来という一方向に向かうものとしては理解できなくなる。すなわち，無意識的世界では，後から起こったことが前のことに影響を与えることもあるのだ。したがって，最早期記憶として語られたものが，実は発達的により後の体験を隠蔽するために無意識的に作られたものである可能性がある。隠蔽記憶における隠蔽が，時間の向きに関して両方の向きに作用する可能性があることは知っておいてよいだろう。すなわち，ある時点以前のものを隠すためにその時点以降の別の時点の記憶が隠蔽記憶として作用することもあれば，ある時点以降のものを隠すためにその時点以前の別の時点の記憶が隠蔽記憶として作用することもあるのだ。

このように，最早期記憶の重要性について厳密に考え出すといろいろと問題はあるのだが，それでもまずは最早期記憶について尋ねることをお勧めする。

祖父母の代まで遡って尋ねる

次のポイントは，患者の誕生前の歴史の聴取の重要性である。このことは精神分析的ではないセラピーにおいても重要だが，精神分析的セラピーにとっては特に重要なので取り上げる。

父母の時点から発達歴の聴取を始める方が時々いる。後述する理由で，それが全く駄目な訳ではないが，特に初学者の間は少なくとも祖父母の代まで遡ってその家族の歴史について訊くことが大切である。もし可能ならば祖父母の両親の世代のことが分かるとよいのだが，そこまでは分からないと答える患者は少なくない。しかし祖父母のことを知らないという患者はほとんどいないので，まずは祖父母の代まで遡ることを自分に課すとよいだろう。ちなみに祖父母のことをほとんど知らないという患者がいたら，その家族はなにか重大な困難を抱えていたのかもしれな

いと考えてみるとよいだろう。

　順調に進んでいる精神分析的セラピーにおいては，面接を重ねるに従い，患者およびその周辺の主要な登場人物のイメージが複雑な陰影を伴うようになってくる。例えば，それまで厳しさの一面しか見えてなかった母親に意外な脆さがあることが分かってくる，といったようにである。主要な登場人物は，生活を共にしている人物であることが圧倒的に多い。その一人一人について，生い立ちを詳しく知りたいところである。子ども時代祖父母と同居していた患者の場合，祖父母の親すなわち曽祖父母の世代まで知りたいところだが，先ほども述べたように患者はそこまではよく知らないことが多い。そこで現実的に祖父母の代まで知ることが当座の目標になる。

　祖父母，両親，兄弟姉妹，配偶者その他重要な人物については，どこにどのような両親のもとに生まれ，どこでどのように育ち，どの学校で学び，どのような仕事をして，どのような生活を営んでいる（いた）のか，夫婦の場合どのようにして出会ったのか，どのような人柄か（だったのか），患者との関係はどのようなものか（だったのか），などについて知りたいところである。

　患者によっては，例えば「母方のお祖母さんについて聞かせてください」と伝えるだけで今挙げた情報を自発的に語ってくれる。しかしそうではない患者の場合，患者の語りの流れを遮らないように気をつけつつも，質問を投げかける必要がある。これは発達歴の聴取に限ったことではないが，アセスメント面接中は，セラピーが実際に始まったあとの面接と比べてセラピストがアクティヴに動かなければならない場面が多い。発達歴に関する情報は大変多いので，患者がすらすらと答えてくれない場合次々と質問をすることになるが，「これでは精神分析的ではないのではないか」と躊躇する必要はない。精神分析的セラピストがあまり話さなくなるのは，主にセラピーが始まった後のことである。

発達歴は真実の通りか？

　発達歴を聴取する上でもう一つわきまえるべきことは，アセスメントの段階で得られた発達歴が実際に起こった通りであるかどうか否かにはあまり拘りすぎないようにすることである。そのように拘っていては，短時間にたくさんの情報を聴取することは難しくなるが，理由はそれだけではない。先ほど最早期記憶のところで少し触れたが，人の記憶は当てにならないものである。アセスメントの時の記憶が，セラピーの経過中に変わることはしばしばあることだ。発達歴をアセスメントの段階で詳しく聴取するのは，語られた歴史をそのまま信じるためではない。それはむしろ，どのような歴史が患者によって語られるのかに関心があるからである。事実関係は後で変わる可能性があるとわきまえつつも，どんどん聴取することが重要である。

　実は，この考え方を推し進めると，究極的には発達歴は全く聴取しなくてもよい，あるいはむしろ聴取しない方がよいという考え方に行き着く。精神分析への究極の導入の方法は，発達歴に関する情報を仕入れずにいきなり自由連想法の教示から始まるというものである。フロイトは，患者の中の抑圧された記憶の掘り起こしと過去の再構築を精神分析の重要な目標としていた。今日でも自我心理学的志向を持つ分析家は同じように過去の再構築と重要視している。そうであれば，記憶の想起は精神分析の主たる目標であるから，前もって発達歴など聴取せずに自由連想を始めればよいということになる。このやり方は，理屈上は非常に精神分析的に純化されたやり方なのだが，そもそも精神分析の適応があるのかについて判断するためにはアセスメントが当然不可欠であり，アセスメントの中にはもちろん発達歴が含まれている。結局別のセラピストに発達歴を聴取してもらう必要があり，実際は発達歴を聴取しないのではなく自分は聴取しないだけにすぎないのだが，そういうやり方もあるということを知っておくと，発達歴の持つ意義に関して過度に思い悩まずに済むのではないかと思う。

発達歴の意義に関して知っておくべきことは他にもある。過去の葛藤を思い出すためのものではなく、心的世界において未だ体験されるに至っていない情緒を今‐ここで生き抜くためのものとして精神分析を捉えるならば、大切なのは発達歴ではなく、今‐ここにおける関係性である。また、精神分析は、過去において実際に何が起こったのか（歴史的真実）を探究するためのものではなく、過去がどのように語られるのか（物語的真実）を探究するためのものである、という考え方によっても同様の考え方が導かれる。

性の問題

セラピーにおいて、性の問題は極めて重要な話題である。本当にそうなのか疑問に思う方も少なくないかもしれない。性の話題をあからさまに話す患者はむしろ少数派だからである。しかし、性の問題を狭く限局した意味、すなわち性行為という意味で捉えずに、異性との間に（あるいは同性との間に）親密さを求める気持ちとして性の問題を考えるならば、やはり面接の中心的な話題の一つであることに疑問の余地はないだろう。

実際、本質的にスキゾイド傾向の高い一部の患者を除けば、人生における多くの悩みは親密さあるいはその欠如に関係している。人は親密さに憧れ、その欠如に悩み続けるものなのである。

性の問題のアセスメントにあたって留意すべきことはたくさんあるが、その中でも特に大切なことは、性嗜好や性行動に関して**批判的 *judgmental*** な姿勢を取らないことである。ここでいう批判的とは、英語が judgmental であることから分かるように、判断を下すような、という意味である。批判的な姿勢を取らないということの中には、批判しないという意味が含まれるだけではなく、何らかの価値に加担して推奨したりしないという意味も含まれる。

人間の性のあり方は実に多様である。精神分析的セラピストは，特定の性生活のあり方を称揚したり，それから逸脱するあり方を批判したりしないように心掛けなければならない。

性に関して批判的ではない態度を勧めるというと，性に関して奔放であることを勧めていると思う方がいるかもしれないが，それは誤解である。精神分析的セラピストにとって大切なのは，性に関して控え目であれとか奔放であれとかいった価値観を持たずに，患者が自分の性の問題に率直に向き合うことを助けることであって，それ以上でもそれ以下でもない。

性的に荒れた生活をしているように思われる患者がいても，話をよく聞かずにそれを諫めるような発言をすることは慎むべきである。どのような気持ちでそのような生活をしているのかに関心を持つことが何よりも大切である。長い目で見れば，荒れた生活を止めるように助言するよりも，そのような生活をせざるを得ない患者の声に耳を傾けることに専念した方が生活を改善させる方向に作用するものである。

例外は，自分や他者に対して速やかに具体的な危険が及ぶ可能性が高いと判断される場合であろう。そのような場合は，精神分析的態度を一時的に棚上げにして，そのような行動を制止するように助言することも許容される。

性の問題のアセスメントにあたって留意すべきもう一つのポイントは，批判的な姿勢を取らないことと関連するが，セラピストがこの領域の問題に関する自分自身の気持ちに率直であるように努めることである。患者が述べる性生活は，セラピストの中に，羨望，興奮，蔑み，怒り，哀れみなどさまざまな気持ちを引き起こし得る。それは性に関する問題が人間にとって根源的な重要性を持つことと関連しているからである。セラピストの中に引き起こされるこれらの情緒は，時にあまりにも不快であるために目を背けたい気持ちにさせるかもしれない。しかし，精神分析的に訓練されたセラピストは，仮に不快な情緒であってもそれに対し

て開かれていなければならない。セラピスト自身がそれらの情緒に向かい合えるからこそ、患者がそれらに向かい合うことも可能になるからである。

　セラピストが性の問題に関して自分自身に対してオープンではないと、患者に対して性に関する質問をすることを躊躇してしまうことがある。セラピストは、まずは自分の性嗜好についてよく理解し、性の話題に対する自分自身の抵抗感を克服していなければならない。セラピストが性の話題に触れるのに抵抗がないことが分かると、多くの患者は安心して性のことを話せるようになる。

　性生活について聴取すべき情報は非常に多いが、性生活の頻度と内容、満足度、過去の性経験、外傷的な性体験の有無、倒錯性の有無、性にまつわる空想（性交時やマスターベーション時の空想など）などを中心に聴取すると良いだろう。

　なお、性の問題は個別性が非常に高いため、定型的な聞き方を考えるのが難しい。一般的には、性の問題はアセスメントの段階できちんと聞いておくことが勧められるが、患者によっては、後回しにした方がよい場合もある。ケースバイケースで慎重に判断していくことが重要である。

お　金

　性の問題と並んで、なかなか聞きにくいけれども非常に大切なのがお金の問題である。同じように聞きにくい問題として暴力の問題があるが、それは別のところで触れる。

　自分の患者の収入がどれくらいなのか全く見当がついていないセラピストの話をしばしば耳にする。一体世の中に、お金のことを考えないで暮らしている人間がどれだけいるだろうか。社会と少しでも関わろうとすると、そこには必ずお金の問題が介在してくるものであるから、お金の問題は患者の頭の中にいつもちらついているはずである。そうであれ

ば，セラピーにとって重要でないはずがない。

　患者に収入について質問するときは，率直に，「収入について教えてください」と聞くのが一番シンプルであり，それでうまくことが多い。「個人的なことなのですが」あるいは「立ち入ったことですが」などと導入の言葉を付け加える方法もある。そのような導入の言葉を付け加えた方がよいのかどうかはケースバイケースバイである。

　性生活についてと同様，お金について非常に聞きにくいと感じる場合には，セラピスト側に抵抗感がないのかどうかを考える必要がある。経済的に自分よりもあまりにも上であると想像されるために，羨望が刺激されているということはないだろうか。経済的にあまりにも恵まれていないと想像される患者に救済願望が生じてはいないだろうか。もちろん，自分の収入を明らかにしたくないという患者もいるが，お金のことを質問されたことで普段話すことのないような生活の実態を話すことができて楽になったという患者もたくさんいる。セラピストの側に覗き見趣味的な気持ちがなければ，率直に話し合えるべきテーマなのである。

　お金のことについて聞く理由であるが，一つには，治療費の設定の問題がある。患者の経済状況を知らずに治療費を設定することはできない。患者によっては，払えそうもない治療費によく考えることなく同意してしまう方もいるが，そのような問題を取り上げるためには患者の懐具合について詳しく知らなければならない。治療費が高すぎると患者が訴えることは非常に多い。患者の中には，自分は何も悪いことをしていないのに親が不適切な対応をしたために自分の今の問題が生じてしまったと意識的あるいは無意識的に憤っている方が少なくない。そのような患者は，究極のところ治療費はただであるべきだと考えているものである。当然その願望は幼児的な願望の変形物である。われわれセラピストは仕事としてセラピーをしているのであって，親として患者に関わっているのではないから，その周辺に患者とセラピストの間の葛藤が生じるのだが，その葛藤の扱いはセラピーの主題の一つになっていく。しか

しその前に，患者にとって治療費の持つ現実的なインパクトを知らなければ，金銭をめぐる葛藤をうまく扱うことはできなくなるだろう。

　お金について詳しく知ることが重要であるもう一つの理由は，しばしば患者の中でお金と愛情が同じように扱われているからである。お金にケチな人は，愛情にもケチであることが多い。お金を無節操に使う人は，愛情の傾け方も無節操であることが多い。フロイトは，精神分析作業の中でリビドーの流れに注目する観点を**経済論的観点**と名付けたが，これは偶然ではない。精神分析的な考え方によれば，リビドーはお金である。リビドーの流れがポジティヴな場合，それは「正のお金」すなわち普通のお金のようなものであるが，リビドーの流れがネガティヴなものに転じた場合，それは攻撃性であり，憎しみであり，そして「負のお金」である。「負のお金」とは，世の中の誰も価値を置かないもの，すなわち**糞便**である。お金がセラピストに支払われる際には，しばしば封筒に入れられるということがあるが，その理由の一つは，患者がお金を概念的に汚いものであると考えているために自分とセラピストの間にお金が介在するということが汚らしいことであるように感じているからである。患者によっては，お金を概念的に非常に汚いものと考えるのみならず，物理的に汚いものと考え，お金に触るたびに手をよく洗おうとする。このように，お金をどのように患者が扱っているのかを知ることにより，非常に多くのことを知ることができる。

治療を難しくする諸要因

　精神分析的アセスメントにおいて聞くべきことはたくさんあるが，すべてをここでカバーすることは難しいので，ここではポイントを挙げる。それは一言で言うと，治療を難しくするような要因の存在に気を配ることである。このことは，すでに衝動コントロールや適応状況のところでも述べたので重複する部分もある。また，これは一般的な精神医学的お

よび臨床心理学的アセスメントにおいても聞くべきポイントであって精神分析的アセスメントだけの問題ではないが，大変重要なのでここにまとめておく。以下の項目に関して見落としがないかどうか，常に気をつけることが大切である。

アルコールその他嗜癖物，嗜癖行為

アルコールの影響を決して過小評価してはならない。飲酒は合法であり，社会的にも受け入れられやすいが，しばしばセラピーの進行を阻害する。アルコール摂取は，セラピーの中で表面化してきた不快な気持ちを万能的に処理するために用いられることがあるからである。すなわち，酩酊状態における高揚感は，セラピーの中での地道な作業の辛さから一時的に患者の気を逸らしてくれるのだが，酔いが醒めれば何も変わっていないわけであり，患者は実のところますます自己嫌悪に陥るだけである。アルコールの不適切な使用が慢性的に続いている場合，精神分析的セラピーを効果的に行うことは難しくなる。

心的外傷体験

これについてはある程度述べたが，心的外傷体験のある患者の精神分析的セラピーは，そうでない患者の場合よりも複雑なものになる。とりわけ難しいのは，心的外傷体験のある患者は新しい体験の外傷的側面に捉われてしまう傾向があるため，治療関係をも外傷的に感じてしまうことがあることだ。患者を傷つけたいと意識的に思っているセラピストはまずいない。しかし，セラピストは完璧な存在ではないから，善意で患者に接していながらもその不完全性のゆえに患者にとって歓迎すべからざる行動や言動を結果的にしてしまうことはある。関係性の外傷的側面に敏感になっている患者は，治療関係のそのような側面に気を取られてしまい，セラピストとの関係性を総じて外傷的なものとして体験してしまうことがしばしばある。そのような関係性の文脈の中では，セラピ

ストの解釈も外傷的なものとして患者に受け取られてしまうことがある。解釈が贈り物ではなく**毒物**として受け取られてしまうのである。

身体疾患，身体的健康度

　身体の状態についての情報を過小評価することは決してあってはならない。これは特に精神科医以外の臨床家が気をつけなければならない点である。セラピストは身体疾患の有無について必ず知らなければならないのみならず，経過，症状，治療，予後などについても，患者が知っていることはすべて知る必要がある。

　存在の基盤である身体を患うことは誰にとっても大変に辛いことである。患者が辛いことを語っているのであれば，セラピストがそれに深い関心を持って耳を傾けるのは当然のことだろう。それが身体疾患であろうとそうでなかろうと，その基本姿勢には違いはないはずである。しかし，身体疾患についてセラピストの方が苦手意識を持っていると，「それは医学の領域だから」ということで探究を止めてしまうことがある。セラピストにとって大切なのは，もちろん，患者の身体疾患について医学の専門家として耳を傾けることではない。そうではなく，身体疾患を患っているということが患者にとってどのような体験なのかについて詳しく知りたいだけなのである。

　身体疾患として診断がつくものだけではなく，身体症状や全般的な身体的健康度について知ることも重要である。その理由だが，説明のつかない身体症状の有無や程度を知ることにより，患者の身体化傾向の程度を知ることができる。**身体はもっとも身近な他者**であるとも言えるだろう。身体化傾向について知ることはこころと身体の関係を知ることであり，こころと身体の関係を知ることはこころともっとも身近な他者の関係を知ることである。

　その他に，精神分析的セラピーが一般に長期間のコミットメントを要するものであることから，身体的に健康でないと精神分析的セラピーを

安定して受けることがそもそも難しくなるということもある。その意味で，身体的健康度は適応状態の一種と考えることができるかもしれない。

反社会性

反社会性は超自我病理の一種であり，嘘，偽り，欺き，不正直などによって特徴づけられる。言語的には嘘や秘匿として，行動的には暴力，搾取，犯罪などとして表現される。超自我病理の存在は一般にセラピーの進展を妨げるが，反社会性の存在は特に問題となりやすい。行動化に移された反社会性がセラピーの継続を非常に困難にしてしまうことは当然のこととして，言葉のレベルに留まっている反社会性であっても，セラピーに対して破壊的な影響を及ぼす。患者が事実と異なることを言っていたり，事実の一部を隠していたりすると，セラピストが患者のこころを理解することは難しくなる。

セラピストは，反社会性の存在の有無とその程度をアセスメントの段階で注意深く見極めなければならないが，そのためにはいくつかのポイントがある。第一に，患者が過去においてあからさまな反社会的行動を取ったことがあることが分かった場合，その他の反社会的行動の有無を聞くことを忘れてはならない。加えて，反社会的行動に対する自責の念について聞かなければならない。反社会的行動の存在は反社会性の存在を強く示唆するが，深い自責の念を伴っている場合，反社会性の程度はそうでないよりも軽度であると考えられる。もっとも，自責の念の深さを正確に知ることは大変難しい。語られる悔恨の念が表面的なものであることが少なくないからである。心底悔やんでいるのであれば反社会的行動は繰り返されない可能性が高いため，反社会的行動が繰り返されている場合，悔恨の念が語られていたとしてもそれは表面上のものにすぎないと考えるのが無難だろう。

もう一つの重要なポイントは，自己愛病理の存在の有無に着眼することである。自己愛性パーソナリティ障害は反社会性パーソナリティ障害

の近縁のパーソナリティ障害であることをよく認識しておくとよい。両者は，他者の存在は自分のためであるという基本的な認識を共有しているからである。もちろん，相手への根本的不信感の程度が前者と後者とでは異なっている。自己愛的な患者は，相手が特別な力を持っていたり自分を特別と見なしていると感じられたりする限りにおいて相手と積極的に関係を持とうとする。一方，反社会的な人物が他者に関わるのは，その他者が利用可能である場合に限られる。そのような違いはあるが，自己愛性パーソナリティ障害と反社会性パーソナリティ障害は，両者の間の中間態を含み一連のスペクトラムを形成するのであり，質的にかなり共通している点が多いと考えてよい。

　自己愛性パーソナリティ障害と反社会性パーソナリティ障害を比べると重篤度は後者の方が上であるが，精神分析的セラピーを開始するにあたってより一層気をつけなければならないのは前者の方である。反社会性が強い患者は，あからさまな疾病利得があるなどの特殊な状況を除き，そもそもセラピーを受けようなどとは考えない。むしろセラピーのような対人援助全般を脱価値化する傾向がある。一方，自己愛性パーソナリティ障害の患者は，反社会性に由来する，対人援助全般の脱価値化の反対の面，すなわち理想化を伴っているため，対人的不信感が反社会性パーソナリティの場合と比べて少なくとも表面上は全面化していない。したがって，理想的で万能的な自己像が壊れたときなどに抑うつ的になり，セラピーを求めて来ることがしばしばあるが，それは中年期以降に多い。その年代になると，ほとんどの人間は限りない成功が不可能であるという現実や，肉体の衰えという現実に直面化させられ，それまでの万能感を維持できなくなるからである。

　自己愛的な患者は一見魅力的に映ることが少なくない。自分よりも優れていると感じられる人物に対する自分自身の羨望を防衛しようとして，自分が理想的な人物に見えるように努力するからである。自己愛者は，一種独特のきらめきのようなものを持っている場合が多いのである。し

かし，仮に社会的には成功し，責任ある人物に一見映るとしても，自己愛病理を察知したならば，反社会性の程度について速やかに探索しなければならない。それは，軽微な反社会性の探索から始めると良い。例えば，「あなたはこれまで物をくすねたり，借りたものを返さなかったりしたことはありますか？」，「あなたはルールを破ったりすることがありますか？」などと質問することである。多くの場合，患者はこれらの質問に率直に答えるものである。そしてこれらの質問に対する答えがイエスであれば，そこからさらに質問を広げていくことだ。もちろん，その時に自責の念がどの程度あるのかについて調べることは必須である。

疾病利得の有無

防衛機制以外の自我機能のところで少し触れたが，疾病利得の存在はセラピーの進行を妨げることが多い。疾病利得があると，「治ってしまっては困る」という事態が生まれるため，治療意欲が削がれるからである。この点は，特に，治療費があまりかからないセッティング（何らかの理由で無料や格安の料金の設定である場合など）の場合に気をつけた方がよい。治療費もさしてかからず，かつ疾病利得が絡んでいると，いつまでも治療が続くことになるからである。治療費が高い場合は，疾病から得るものと治療費のどちらが大きいのかが問題になってくるが，治療費が低い場合，疾病利得の方が大きいことになってしまうため，「治ってしまっては困る」にもかかわらず治療を続けるという事態が恒常化してしまう。

自傷行為，他害行為（暴力）

最後に，基本的なことであるが，自傷行為，他害行為（暴力）の有無について聞いておくことの重要性を確認しておく。自傷行為，他害行為が続いていたり，切迫していたりする場合，セラピーは第6章で述べた「火事で燃え盛っている家の中での将棋」になる。自傷行為，他害行為

については患者自身に責任があること，そしてそれらの行為がある程度収まっていることがセラピーの開始と継続の条件であることを明確に伝えることが重要である。

　誤解のないように言っておくと，セラピー中にリストカットを一度でもしたらセラピーは即終結というようなルールを作ることを勧めているわけではない。大切なのは，ルールそのものではなく，ルールに盛り込まれている精神である。すなわち，リストカットはセラピーの脅威となるので，セラピーをしようと決めた以上，リストカットを繰り返し行ってしまいセラピーがうまく行かなくなるという事態に陥らないように最大限の努力をすることをセラピーの条件とする，という精神である。一度リストカットをしたからといって，患者がセラピーの条件をないがしろにしたと決めつけるのは早計である。どのような気持ちでリストカットに至ったのか，そのことをどのように患者は感じているのか，そしてどのようにセラピストが感じていると患者は想像しているのか，リストカットをそもそも抑えなければならないと患者は思っていたのか，などについて詳細に話をする必要がある。往々にして，そのような話し合いをすること自体が治療的効果を持つものである。

　気をつけなければならないのは，自傷行為や他害行為が続いているにもかかわらず，それに触れるとますますそのような行動が悪化するように感じてセラピストが尻込みしてしまい，見て見ぬ振りをしてしまうことである。そのような事態が起こったときには，セラピストはすでに患者の心的世界に過度に巻き込まれており，患者の感じるべき自責の念を患者の代わりに感じてしまっているか，感じないようにしようと必死になりすぎて向き合うべき心的苦痛を患者とともに避け続けている可能性がある。

第三部
精神分析的セラピーの基本と方法

第8章　精神分析的セラピーの基本

　第二部では，精神分析的セラピーを開始するまでの手続きや注意事項を，精神分析的アセスメントの方法を中心に述べた。第三部では，精神分析的セラピーを実際に進めていく上で大切な基本的な心構え，そして介入法について述べる。

対面法が基本

　精神分析は通常カウチを用いて行われる。カウチを用いることのメリットとデメリットに関しては第2章で詳しく述べた。精神分析的セラピーにおいてもカウチを用いることはあるが，基本的に対面法で行うことをお勧めする。その主な理由は，カウチが退行促進的であることである。
　セラピストが慣れていないと，退行してしまった患者をうまく扱うことができない。これは精神分析にも精神分析的セラピーにも言えることだが，面接室の中で退行した患者は，週の残りの日を面接なしに過ごすために退行からある程度回復する必要がある。健康度が高い患者の場合，うまく退行から回復することができる上に，もともと現実に適応していく力が高い。したがって，週1-2回程度のセラピーでカウチを用いても大きな問題にはならない。しかし病理が一定レベル以上に深刻であると，患者の退行から立ち直る能力はあまり高くない上に，そもそも現実への適応水準が低い。そのような患者の週1-2回程度のセラピーでカウチを用いてしまうと，面接のない期間を乗り越えることが難しくな

り，問題性の高い行動化に走ってしまったりするために注意が必要である。どの患者がどれだけ退行するかを予想し，またどれだけ退行しても安全に精神分析的セラピーを続けることができるのかを見極めるためには相当の訓練が必要がある。

したがって，精神分析的セラピーを行うにあたっては，カウチを用いずに対面法で行った方が無難である。カウチを用いるということがどのような効果をもたらすのかを知りたいセラピストは，まずは自分自身がカウチを用いてセラピーを受けてみるとよいだろう。多くの方は，より自由に話せるようになると同時に，自分の中のより原始的な情緒に触れる経験をすることだろう。その経験を経てそれが良いと感じられたならば，今度は患者を選んだ上でカウチを勧めてみるとよいだろう。

自由に話してもらう

面接の中では自由に話してもらうのが基本である。こういうと当たり前すぎるようで分かりにくいかもしれないので，具体的にどういった点に注意が必要かについて述べることで，自由に話してもらうということがどういうことなのかを示してみたい。

面接の始まりの時には，何も，一言も言わなくてもよい。患者が話し始めるまでただ黙って待っていることが大切である。「どうぞ」とか「始めましょうか」という言葉を最初に入れるセラピストもいる。このこと自体が大きな問題になることは少ないが，しかし問題にならないこともないので，これらの短い言葉も言わない方がよい。患者の中には，セラピストから「どうぞ」と言われないと話し出してはいけないと感じ，セラピストがそう言いだすのを待っている方がいるが，それはまさしく転移を表している。すなわち，「話してもよいですよ」というセラピストからの許可を患者が必要としていることを表している。このような場合があるため，セラピストからは促すこともせず，黙って待っていた方

がよい。患者がいつまでも何も言わない場合，まずは，「沈黙ですね」などと，今起こっている事態を簡潔に患者に対して指摘することから始める。その上で，セラピストの許可を必要とすることをめぐって話し合いをすることが大切である。

　患者が何かを話し始めたら，それについていくことを基本とする。患者が話し続けている間は，極力遮らないようにする。まだ話が途中のように聞こえるのに患者が話すのを止めた場合でも，「続けてください」とか「もっと聞かせてください」などという言葉で，話し続けることを促すことが大切である。話を途中で止めたこと自体に意味があると判断されれば，途中であるということを明確化すればよい。

　避けなければならないのは，患者がある話題について話しているのに他の話題を話すように仕向けることである。患者の話を自分が聞きたい話題に近づけるように暗に働きかけようとすることはよくない。理由があってどうしても他の話題に移らなければならない場合（こういった話題は，自殺や自傷の可能性，終結の可能性など，セラピーの継続性に関係しているものが多い）は，暗に誘導するのではなく，はっきりと，「お話の途中ですけど，○○について話しておかないといけないのでその話を聞かせてください」などと告げるべきである。暗に誘導するということは，極端に言えば，セラピストがその場を万能的にコントロールしようとしていることを表しており，好ましくない。一方，明確に話題の転換の必要性を告げることは，専門家としてセラピー全体の流れをリードする機能を果たししつつも，患者との協力関係を念頭に置いた介入である。繰り返すが，話題を暗にすり替えることは勧められない。

　ほとんどの患者は，こちらが黙って聞いている姿勢を示すと，どんどん自由に話し出す。話すべき内容がなくなることはあまりない。患者が自由に話せない場合，ほとんどの場合，それは話すべき内容がないためではなく，話すことに抵抗感があるためである。そのような事態が明らかになったとセラピストが判断したら，話すことへの抵抗感そのものを

話題にする必要がある。もちろん，このようなときはセラピストが話すことへの抵抗感という話題を患者に提示する必要があるが，それは専門性のもとになされるものであって，万能的なコントロールのためになされるわけではない。

　患者への具体的な指示としては，セラピーの開始時に，次のことを伝えるのがよいだろう。

1．自由に話したいと思うことを話すこと
2．話したいということが浮かばない場合，こころに浮かんで来ることをそのまま話すように努めること
3．夢を覚えていたらそれを報告すること

　自由に話すこと，こころに浮かんで来ることを話すことに関連して，自由連想法について触れておこう。精神分析の場合は，自由連想法をしっかりと指示して行うことが多い。頭に浮かんだことは，話したくないとか話しにくいと感じてもすべて話すように指示し，その流れと内容を分析するのが精神分析の基本である。しかし，実は自由連想法を指示することには実はさまざまな問題がある。この問題について以前私は詳細に論じたことがある（吾妻, 2016, 第3章）。その中で私は，自由連想法における患者の主体性の否認，自由連想法の命令性などの問題を取り上げた。本格的な精神分析においては，それでもなお自由連想法を指示して開始するのであるが，それは本格的な精神分析の設定であれば自由連想の困難そのものを十分に扱っていけるという判断があるからである。

　一方，精神分析的セラピーは通常対面法でセラピストと向かい合って行われるため，自由に思いつくことをすべて語るということは，カウチを用いている場合と比べて難しい。ならば精神分析的セラピーにおいてもカウチを用いればよさそうなものだが，前述した理由で，カウチを用いることはあまり勧められない。加えて，精神分析的セラピーにおいて

カウチを用いることを躊躇させる要因，すなわち退行の問題は，精神分析的セラピーにおいて自由連想法を用いることを困難にしているもう一つの理由でもある。自由連想法は，内的世界の自由な表出を促すが，その結果，いわばこころの奥にしまい込んでいたものがたくさん面接室内で取り出されるということが起こる。思考は一次過程優位となり，患者は退行していく。自由連想法もまた退行促進的なのである。しかし，せっかくこころの中から取り出しても，またすぐにしまい込まないと，次の面接までの間を乗り切ることができなくなったりする。

　精神分析的セラピーは，精神分析と違い，人格全体の徹底的な分析を目指して行うものではない。精神分析の場合よりも，より限局された具体的な目標を設定して行うことが多い。一方，自由連想法は，目標に向かうように展開されるものではないし，そうあるべきでもない。したがって，精神分析的セラピーにおいて自由連想法を忠実に守ろうとすると，いつまで経っても目標に辿り着かないという事態が生じる。精神分析的セラピーは，精神分析に比べて，時間，強度が決定的に少ないのである。自由連想法にもとづいて精神分析的セラピーをすることは，決して容易なことではない。症例ごとに慎重に検討したいところである。

　夢の扱いについて少し説明しよう。夢を報告するように言わなくても，夢を持ってくる患者は持ってくるものであるが，夢を持ってくるように促さないとそもそも夢を報告するという発想がない患者もいるので注意が必要である。夢に関するこの指示は大変有効である。夢を全く見ないあるいは覚えていないと言う患者がときどきいるが，そのような患者でも，夢を持ってくるように伝えることで少し負荷をかけるとよく持って来るようになる。夢を見ないということは，通常夢を見ていないのではなく夢を思い出すことができないということで，促すことで覚えていられるようになるものだ。夢は，無意識の世界を知るための格好の素材である。

　夢分析の技法は本書では詳しくは扱わないが，少しだけ触れておきた

い。夢分析にあたっての基本的な聴き方，解釈の方法は，夢以外の話の場合と実は大きくは違わない。願望や防衛，リビドーや攻撃性の現れ，登場人物の特徴，関係性の質などに特に注意しながら聴くことが重要である。もちろん，夢は無意識的思考や情緒を表しているため，荒唐無稽であったり，一見意味不明だったりする。しかしここで大切なのは，正しい解釈に至ろうと思わず，夢について患者と話し合うつもりで聴き，そして一意見として解釈を伝えるという姿勢である。夢が実際に何を意味しているのかなど，究極的には誰にも分からないわけであるから，どんなにもっともらしい解釈であれ仮説にすぎないのだと思うようにすると，夢分析を恐れることはなくなるだろう。

患者の気持ちをそのまま理解することに徹底する

次に大切なことは，患者の気持ちをただそのまま理解することに集中することである。これは精神分析的セラピーによらずあらゆるセラピーの基本中の基本なのだが，実は非常に難しい。その方法は，セラピストがキャリアを通して磨き続けていくべきものであり，マニュアル的に習得できるものではない。しかし，そのように努めようと意識しているのとしていないのとでは大違いである。患者の気持ちを理解することに集中することの重要性を心がける努力を続けていれば，少しずつではあるができるようになっていくものである。

患者の個別性に関心を持つ

どんな話でも，一般的な話として聴いてしまわないように心掛けなければならない。「それは普通そうだろう」と思われることであっても，「普通はそうだからこの患者もそうに違いない」と納得してしまう前に，それが一体どういう体験であるのか，患者の主観的世界の世界に入り込んでみたらどのように感じられるのかを十分に探究すべきである。

例えば，今患者が，「最近夜遅くまで仕事があって大変です」と話し出したとする。セラピストは，そのことについて遮ることなく自由に話してもらいながら，その「大変」さの**個別性**に徹底的に関心を持つ必要がある。夜遅くまで仕事があるのが大変なのは普通のことである。それはもちろん「大変」なのだが，そこから患者の個別の体験に向かって探究を進めなければならない。患者の「大変」さは怒りなのか，無力感なのか，孤独感なのか，焦燥感なのか，徒労感なのか，寂しさなのか，疲労感なのか。もし怒りだとしたら，それは誰に（何に）対して向けられているのか。怒りを持っている自分自身を，そして怒りが向けられている相手を，患者はどう体験しているのか。怒りというのは，どういう身体感覚を伴うのか。探究がすぐに終わることはない。

　もちろん，「大変」さが「怒り」という言葉になったからと言って，それもまた一般的な言葉にすぎないわけであるから，それで満足してはならない。そこからさらに，患者の個別性を理解しようと探究を推し進める姿勢が大切である。やがて，言葉では表現しがたい，患者のみが感じているものに行き着くかもしれない。そこには，他者を理解するということに関する究極的な不可能性が横たわっている。最終的には問題が解決しないのではないかという疑問を持つ方もいるかもしれないが，その心配は要らない。精神分析的な考え方では，究極的には自分のことを完全に理解することのできない他者としてのセラピストに出会うことで，自分自身と他者に関する万能感を諦めることが本質的な成長なのである。すなわち，自分自身と他者に関してより現実的なイメージを持つことができるようになることなのだが，これは多くの患者にとって，特に自己愛的な患者にとって大きな前進である。

患者の言っていることを操作しない

　患者の気持ちをただそのまま理解するために，患者の言っていることを操作しないように気をつけることも極めて重要である。ここで言う操

作とは，もちろん，あからさまなものに限らない。あからさまな操作は論外であるが，問題なのは，セラピスト本人があまり意識していないうちに行われる（全く意識していないということではないだろうが）**隠微な操作**である。

　例えば今，患者が，同僚の働きぶりのいい加減さについてひとしきり不満を述べた後で，「もう仕事を辞めてしまおうかと思っています。あんないい加減な同僚と一緒にこれ以上働くのは無理です。もっとましなところに移ろうと思っています」と述べたとしよう。それに対して，「もう辞めてしまおうかと思っているのですか？」と質問形で返すセラピストがいるが，これはやめた方がよい。患者はすでに，「辞めてしまおうかと思っている」と言っているわけであるから，「もう辞めてしまおうかと思っているのですか？」というのは質問ではない。質問の形を取ったセラピストの意見である。そのような時は，患者の発言に対して，「そんなこと考えているのですね。でもそれは良いこととは思えません」と本当はセラピストは言いたいのである。にも関わらず，そのように患者に言うと患者が嫌がったり傷ついたりするだろうと感じてセラピストは言いたいことを言わないのだが，そのような自分自身の中のこころの動きについてセラピストがよく考えることが重要である。しかしその手順を踏まずに先に進めようとするときに，「もう辞めてしまおうかと思っているのですか？」などといった質問が出てくる。それにさらに，「いい加減な同僚って，どこにでもいますよね」などと付け加えようものなら，これはもう立派な反対意見であり，さらには嫌味ですらある。いい加減な同僚というものはどこにでもいるのだから，それに不満を感じる患者の方がおかしいというニュアンスが含まれているからである。もしそう思うのであれば，自分の意見としてそのようにはっきりと述べた方がまだよい。

　患者に対して，セラピストは常に率直でなければならない。率直であるということは，思いやりを持たなくてよいということではもちろんな

い。ぶっきらぼうというのではなく，虚心坦懐というような意味である。多くの患者は，婉曲に自分の意見を刷り込ませてくるセラピストよりも，率直なセラピストを好む。患者の発言に疑問を持ったなら，相手がすでに言ったことを質問で返したりするのではなく，「もう辞めてしまおうと思っているのですね。そのことについてもっと聞かせてください」などと質問した方がよい。

　もし患者の言っていることに自己破壊的な側面があると判断されたら，率直にそれを止める必要があるかもしれない。その上で，後からなぜ止める必要があったのかを話し合わなければならない。例えば，「もう辞めてしまいたい気持ちなのですね。でも私は，今辞めてしまうのは，急ぎすぎだと思います。いい加減な同僚と一緒に働くことがあなたにとってどんなことなのか，ここでもう少し話し合ってから結論を出す方が良いと思います」などと明確に伝えることである。遠回しに否定するよりも，このように分かりやすく伝えた方がよい。このような介入は，しばしば精神分析的ではないと思われている。実際，精神分析的な解釈からは程遠い支持的な介入（助言）であるが，場合に応じてこのような介入も必要である。精神分析的セラピーは，精神分析的介入のみで成り立っているセラピーではなく，主として精神分析的な介入を用いるセラピーなのである。

「患者はいつも正しい（The patient is always right.）」

　米国の指導現場でときどき耳にする言葉に，「患者はいつも正しい（The patient is always right）」という言葉がある。精神分析的セラピーを続けていると，患者が言っていることが全く間違っていると感じることがしばしばある。特に，患者から強い陰性の転移感情を向けられたときなど，「自分はそんな人間じゃない」という気持ちがセラピストの中に湧いてくる。しかし，患者が言っていることが間違っていると感じたときにこそ，それは正しいのではないかと一度立ち止まって考えてみる

ことが重要である。例えば,「先生は今日はイライラしている」と患者に言われたら,実際に自分がイライラしているのではないかと考えてみることが大切である。その上で自分にはやっぱりイライラしている面があったと気づくことは少なくない。患者はセラピストのことをよく見ているものである。

一方,自分を振り返ってみて自分がイライラしているとは感じられないときもあるだろう。しかしそれでも,患者は依然として正しいのである。患者はセラピストがイライラしていると感じているのであって,そのことは主観的には正しいことである。そして精神分析的セラピーが患者の主観性の世界と無意識の世界を探る営みである以上,セラピストがイライラしていると患者が感じているという主観的事実は,セラピーの重要な素材である。

患者が言っていることはどんな発言であれ何かを捉えていると基本的には考えてよいのだが,例外があって,それは患者が率直に話をしていないときである。セラピストの気を惹こうとしたり,セラピストが聞きたいことを言おうとしたり,セラピストを操作しようしたりして,こころに浮かんでいることではないことを患者が口にする時がある。そのような場合は,患者はまず自分自身に嘘をついている。自分自身に嘘をついていれば,当然セラピストに嘘をついていることになる。このような場合は,「患者はいつも正しい」は当てはまらなくなる。その場合,率直なコミュニケーションをしていないという事実に関して患者に直面化して,その理由を一緒に理解していく作業が必要である。

支持的であるということを理解する

次章以降で精神分析的セラピーの技法について詳しく述べる前に,ここで,支持的であるということについて立ち止まって述べておかなければならない。支持的なセラピーを行うためには,当然のことながら,支

持的であるということがどういうことかを理解しなければならないが，それのみならず，支持的であるということを理解することは精神分析的セラピーを行う上でも重要だからである。第3章では，支持的セラピーを学ぶためには精神分析的セラピーをある程度知らなければならないと書いた。支持的な技法は精神分析的技法とは対極的にあるものであるが，精神分析的要素を緩めていくことで支持的な極に近づけて行くことができると述べた。

　それはその通りなのだが，それでもそもそも支持的であるということはどういうことなのかを理解していないと，支持的な介入をすることも，精神分析的な介入をすることも難しい。すなわち，支持的であるということを誤解していると，精神分析的でもなくまた支持的でもないような介入をしてしまうという事態が生じてしまうのである。実際，支持的な介入あるいは精神分析的な介入をしているつもりになっているが，実際は支持的にも精神分析的にもなっていない介入になってしまっていることは少なくない。

　支持的セラピーとは，第3章でも述べたが，「症状を和らげ，自尊心，自我機能，そして適応的スキルを維持，回復，あるいは改善するために直接的な方法を用いる二者的治療」（Winston et al., 2004, p.4）であるが，それがなぜそもそも「支持的 supportive」であると呼ばれるのだろうか。

　支持的であるということは，文字通り患者を支えることである。患者を支えるということは，患者の問題の存在を否定したり，患者に現実とは異なる見通しを見せたりすることではない。そうではなく，患者の問題を一緒に直視し，患者が持っている力をその問題の解決に用いることを助けること，あるいは患者一人では解決できない問題であればその解決の一部を適切な範囲内で助けることである。

　あることについてうまく行くかどうか不安だと打ち明けた患者に対して，「大丈夫ですよ，うまく行きますよ」と伝えることが支持的であると思っている方が時々いる。そのような介入でも，状況によっては支持

的となり得る。例えば患者によっては，実際には大丈夫かもしれないと思っている部分があるにも関わらず，大丈夫だと思っている自分を見ないようにしていることもある。そのような場合であれば，「大丈夫ですよ」と伝えることで，大丈夫だと思っている部分，それは多くの場合患者のより健康な側面を表しているのだが，そのような部分を補強することができるかもしれない。しかし，患者が全く大丈夫でないと感じていることに対して，「大丈夫だ」と伝えることは，実は非共感的なことであり，支持的な介入とは言えない。「大丈夫ではない」という患者の気持ちを否定してしまっているからである。

　患者が何事かに関して悲観的に感じているのであれば，セラピストもまた，その悲観的な気持ちの中に十分に身を置いてみることが大切である。その上でセラピスト自身が過度の悲観論に溺れてしまうのではもちろんよくないのだが，一度しっかりと患者の悲観的な気持ちを踏まえた上でそれを支持・補助するような方策を考えることが支持的な介入である。一方，患者の悲観的な気持ちの根本的な意味や由来を考え，それを分析することは精神分析的な介入であり，支持的な介入とは異なる。

支持的な技法

　それでは，具体的にどのような技法が支持的とされるのだろうか。それらを見てみよう。

　ウィンストン Winston, A. ら（2004）は，実効的で実践的な支持的介入として，誉めること，再保証，勇気づけ，合理化とリフレーミング，重要な話題を取り上げること，助言と教育，予期的ガイダンス，不安の予防と軽減，問題に名前をつけること，意識領域を広げること（明確化，直面化，解釈）を挙げている。ここで，ウィンストンらの解説を参考にしながら，私個人の考えも入れて，これらの技法について簡単に見てみよう。

誉めること

　患者が報告していることを，「良かったですね」などと誉める技法である。誉められることで，患者は自分が考えたこと，表現したこと，あるいは行ったことが良いことだと信じることができるようになり，今後も同様の方向に進もうという気になる。ウィンストンらは，注意すべき点として，偽りの誉め言葉をかけないことを挙げている。誉めると言っても，こころから思っていないことを言うことは逆効果である。

（再）保証

　再保証とは，英語の reassurance の訳である。再び re 保証 assurance と分解できるので再保証と訳されるが，「再び」の意味は弱く，単に保証すると訳してもよい。したがって見出しにも（再）保証と書いた。ただ，保証としても日本語として意味は依然として不明である。実際は，「大丈夫ですよ」と伝えるという意味である。過度に悲観的な見通しを持っている患者に対して，より現実的な見通しを伝えることで，患者の不安が軽減することが期待される。

勇気づけ

　患者は，不安のために必要だと分かっていることができなかったり，努力が無駄になるのではないかと恐れていたりするために大切なことに真剣に向き合えないでいることがある。そのような場合に，後ろから押してやることが勇気づけである。encouragement の訳であるが，「奨励」といったニュアンスもあり，そう訳してもよいだろう。

合理化とリフレーミング

　まずいことが起こってしまった，やってしまったと意気消沈している患者に対して，患者に起こってしまったことや患者がやってしまったこ

とには合理的な側面があることを指摘するのが合理化である。リフレーミングは合理化と少し似ている。患者が物事を判断しているフレームを一度取り去って別のフレームから考えると、状況は患者が思っているほど悪くはないのだということを患者に伝える技法である。

合理化とリフレーミングは、言い方によっては、調子のよい軽薄なことを言っているように聞こえるため、気をつけた方がよい。他の支持的な技法よりも慎重に、支持的な技法に十分慣れてきてから用いた方がよい。

重要な話題を取り上げること

患者の思いつくままに話させると、話が一向に広がっていかない、あるいは重要ではないと思われる領域に話が留まってしまうことがある。これは、特に、機能水準の低い患者の場合に言えることである。重要な話題をこちらから積極的に取り上げることは支持的な技法として大切である。この場合の重要な話題とは、現在の実際の生活のことや症状、服薬状況、コーピング状況などである。

「セラピーは精神分析的にするべきで、精神分析的なセラピーは自由連想法にもとづいて行うべきだ」とセラピストが強く思い込んでいると、今挙げたような意味での重要な話題を聞き逃してしまうことがあり、これには気をつけた方がよい。セラピーは必ずしも精神分析的な技法だけから成り立っているのではないし、精神分析的なセラピーであっても自由連想法だけが技法のすべてではない。

助言と教育

「何々した方がよい」という助言はしばしば大変有効である。ウィンストンらは、特に、依存的な患者に対しては助言をするべき適切なタイミングを考えないと、患者が自分で考える機会を奪ってしまうと述べている。また助言をするときは、一般的なことは言わずに患者の個別のニ

ードに合わせた助言をしなければならないとしている。

　私は，助言と教育は，支持的技法としてもあまり用いない方である。助言をしても全然聞いてもらえなかったという経験や，助言をしたら患者が自分で考えなくなってしまったという経験があるからだ。しかし，うまく状況を選べば有効な技法だと思う。

予期的ガイダンス

　患者がこれからの計画などを話す際，予想される困難を先回りして同定し，それについて患者の自覚を促がす技法である。この技法は，うまく行わないと患者の反感を買いかねないので注意が必要であろう。

不安の軽減と予防

　この技法は，患者に何かを質問したり伝えたりするときに，単刀直入に言わずに，少し回り道をしたり，自分が今から聞くことを聞かなければならない理由などの説明を入れてする技法である。例えば，性的な事柄を聞くときに，その質問が不安を搔き立てるかもしれないけれども，と前置きするのである。

　この技法は，ある特定の話題に関して明らかに脆弱であることが分かっている患者の場合（例えば，性的虐待の体験がある患者に性的な話題に関して質問をしなければならない場合）などに大変有効である。

　しかし，この技法をあまり多用するのはどうかと私は思う。婉曲的な表現は，使い方を間違えると，技巧的でわざとらしい感じになってしまうからである。これから話す話題が相手にとってしんどいものであることが予想される際に，相手の気持ちを思いやることはもちろん大切であるが，真剣な話し合いであればあるほどある程度の不安や痛みは避けられないものでもある。この技法は適度に使用することが重要であろう。

問題に名前をつけること

何に困っているのか分からないけれども困っていると話す患者に対して，困っていることはこういうことだろう，と名前を付けてやると，患者はその問題に取り組みやすくなる。

この技法は，よく習熟しておくべき技法だと思う。支持的なセラピーのみならず，精神分析的なセラピーにおいても非常に有効な技法なのだが，「精神分析的セラピーと言えば〇〇をするものだ」などと強く思い込んでいると，問題に名前を付けるというセラピーの基本的技法をおろそかにしてしまいかねない。この技法は，先ほどのリフレーミングとどこか似ているところもあるが，リフレーミングが違った視点を導入するのに対して，こちらは問題に名前を付けるだけであるから，こちらの方が用いやすい技法である。問題に名前が付けられたら，その名前とその周辺の概念を繰り返し用いることで，セラピーがよりスムーズに進行していくことになるだろう。

意識領域を広げること（明確化，直面化，解釈）

支持的技法の最後にウィンストンらが挙げているのが「意識領域を広げること」だが，これはかなり精神分析寄りの介入であると言える。そもそも，解釈は精神分析の技法としての顔の方がずっとよく知られているだろうし，また明確化と直面化も広い意味では解釈に含まれるものである。意識領域を広げるということは，逆に言えば，意識されていない領域を減らすということである。したがって，無意識的世界の出来事を解釈によって意識化するという精神分析の技法に近い。もっとも，ウィンストンらが「解釈」というとき，彼らは何をもって「解釈」とするのかを必ずしも明確にしていない。患者の思考や行動の意味を明らかにすること，という程度の意味で解釈という言葉を用いている。それに対して精神分析的な解釈とは，患者の思考や行動の**無意識的意味**を明らかにするものであり，またその方法や作用機序も詳細に議論されているとこ

ろである。

　解釈の技法については第9章で詳しく述べるので、ここでは、無意識的領域に広げようとせずに行う解釈（明確化と直面化も含む）は、支持的セラピーでも用いられることを確認しておこう。

支持的な技法と精神分析的な技法

　前項で挙げた支持的な技法は、精神分析的セラピーの技法として推奨されることはあまりない。前項でも少し触れたが、支持的な技法と精神分析的な技法には、一部重なり合う面も確かに存在する。しかしそれでも、中核的な精神分析的技法は支持的なそれとは明らかに異なる性質を持っている。

　それではなぜここで支持的技法について取り上げる必要があるかと言えば、第一に、精神分析的セラピーであっても支持的な技法を部分的に導入することがあるからであり、第二に、もし実際に支持的な技法を精神分析的セラピーに一部導入するのであれば、自分の介入のどこがどのように支持的であり、どこがどのように精神分析的であるのかをきちんと区別できるようになっておく必要があり、そのためには支持的技法をある程度学んでおくことが大切だからである。

　実は第3章では、支持的な技法をマスターするためには、精神分析的アプローチの技法を知っておくことが必要だと述べた。その理由として、支持的な技法が、「こういうことができるのだが、それを敢えてせずに違うことをする」といった類の技法で成り立っているということを挙げた。

　それでは支持的技法と精神分析的技法のどちらを先に学べばよいのかという問いが生じてしまうが、厳密に言えば、支持的技法という概念は精神分析的な技法という概念がなければはっきりとはしない概念であるため、精神分析的技法の習得を優先させるべきだということになるだろ

う。精神分析的技法を知らなければ，ある技法が支持的な技法であるかどうか判断することがそもそも難しくなるからである。しかし実際には，精神分析的セラピーの技法を習得する方が支持的セラピーの技法を習得するよりもずっと困難であると考えられているのが現実である。

　その理由だが，おそらく，支持的技法を身に付けるのは実際は非常に難しいことなのだが，支持的技法を取りあえず表面上採用することはそれほど難しくないという事情から来ているのだと思う。精神分析的な解釈のように，情緒的混乱を耐え忍びつつ複数の観点から同時に臨床状況について思い描くという荒業が必要とされるわけでもない。

　セラピーの種類を問わず，患者に対して思いやりの気持ちを持つことは極めて重要である。どんなに学識が深く頭の良いセラピストであっても，そこに思いやりの気持ちが全く欠けているならば，良い結果は望めないだろう。精神分析的な技法は，思いやりを欠いた，知的な面のみが突出した技法であるかのように思われることがあるが，それは誤解である。優れた臨床家は，ほぼ例外なく思いやりを持った人物であると思う。

　支持的な技法を用いる上でも，当然のことながら思いやりを持って患者に接することが大変重要である。しかし，ここで注意が必要なのは，思いやりの気持ちを持つことは最低限必要なことであるが，それだけでは良いセラピーを行うことは難しいということである。良いセラピストは，思いやりや優しさ以外の何かを持っていなければならないのだが，支持的なセラピーとなると，思いやりや優しさを示すだけで十分だと思い込んでいるセラピストがいる。それは誤解だと思う。支持的な技法であっても，きちんとしたプロフェッショナリズムの上に成り立っていなければならない。

　支持的技法が立脚すべきプロフェッショナリズムとは，思いやりの気持ちに加えて，専門家としての率直さであると私は思う。それは，患者の良い点は良い点と認め，至らない点は至らない点と認め，患者の喜怒哀楽をそのまま認める率直さである。もちろん，患者の問題点を認め

たからといってそれをいつもそのまま患者に伝えるということではない。ここでいう率直さとは内的な率直さと言ってもよいだろう。

　率直さを持っていれば，先ほど挙げた支持的技法を用いることはそれほど難しいことではない。患者に誉めるべきことがあると感じればそれを患者に伝え，患者が努力する気力を失っていると感じれば患者を勇気づけるのである。性格的にもともと率直なセラピストであれば，このことをクリアすることはそれほど難しくないだろう。問題は，性格的にあまり率直ではないセラピストである。そのようなセラピストは，自分自身が何を感じているのかについてまず自分自身に対して率直ではないことが多い。そして，周りに対しても自分が思っていることを隠し，さらには周りの人々もまた自分に何かを隠していると感じている。そのようなセラピストが支持的技法を用いようとすると，不自然なまでに誉めそやしたりするなど，過度に患者に迎合的になったり操作的になったりする可能性があるので気をつける必要がある。支持的技法とは，黒いものを白いというような技法ではない。それは，白いものは白いと伝えて患者を誉めたり励ましたりする一方，患者の黒い部分に関しては，それが黒いことを率直に受け止めた上で，その辛さを支えたり，あまり触れないようにする技法である。そして患者の黒い部分を扱っていくためには，精神分析的な技法が必要なのである。

第9章　解釈の技術

　前章では，精神分析的セラピーの基本を概観した。また，精神分析的な介入をするにあたっての一般的な心構えについても触れた。本章では，精神分析的セラピーを学ぶ上で最も重要な項目の一つである解釈の技法について論じる。

解釈の技法とその限界

　解釈の技法は，精神分析的セラピーの技法の最大の柱である。患者の無意識的動きを簡潔な言葉に落とし込んで解釈として患者に伝えることで，患者が長年苦しんでいた問題の背景が一気に理解され，患者の苦しみが消える——そのようなイメージを精神分析に対して持っている方は少なくないだろう。精神分析に関心を寄せる臨床家の多くは，精神分析のそのようなイメージに惹かれているのだろうと想像する。精神分析の専門書の中に出てくるような切れのよい解釈を自分もできるようになりたい——そう感じるのは自然なことである。
　だが，解釈が本当に本質的に重要なのかと改めて問うてみると，それに答えることは実は容易ではない。精神分析技法の中における解釈の位置づけは，以前と比べると相対化されつつあるのが現状なのである。
　以前は，精神分析と言えば，言葉を用いた解釈によって知的洞察を得るものであるという理解が自明のごとく受け入れられていた。解釈以外の治療作用は，解釈と比べて価値の低いものとみなされていた。例

えばアレキサンダー Alexander, F. の「修正感情体験 corrective emotional experience」（Alexander and French, 1946）は，そのように低く見なされたものの代表である。

　修正感情体験は，確かに問題を含んだものだった。アレキサンダーは，患者の病理は，かつて親が不適切な反応をしたために患者が問題含みの感情体験を強いられたことにあると考えて，それを「修正」することを試みた。そのように病理を理解し，修正しようとすること自体に問題があるようには思えないが，その方法論が十分に練られたものだったかは疑わしいところだ。アレキサンダーは，意図的にかつての親と異なる反応を提供して感情体験を修正しようして患者に関わった。そこに分析家の真正さの演技性による置き換えを見た分析家は，その操作性に疑問を持ったのだった。

　しかし，知的洞察よりも体験的な要素，特に情緒面におけるそれが本質的に重要だという考え方は，近年ますます広く受け入れられるようになってきている。それにはいろいろな理由があるが，その一つはコフート Kohut, H. に始まる自己心理学の影響である。アレキサンダーの考え方は少なくとも部分的には連綿と受け継がれているのである。

解釈か関係性か

　解釈の限界について述べたが，それでも解釈がやはりすべてではないのかという反論もあるだろう。うまく行った精神分析的セラピーにおいては振り返ってみるとやはり適切な解釈がなされており，一方うまく行かなかった精神分析的セラピーにおいては解釈がきちんとなされていなかったというのが多くの臨床的経験が教えるところだからである。

　それでは解釈はやはりそれ自体として効果的なのだろうか。その可能性は十分にある。しかし，可能性はそれだけではないというのが最近の議論である。すなわち，患者とセラピストの関係性の質が何らかの理

由でシフトすることが治療効果をもたらす上でより本質的に重要なのであって，解釈はその結果，あとを追って生まれてくるものにすぎない，という可能性があるのだ。言い換えれば，ある一つの解釈の前後を比べて解釈の後でセラピーが良い方向に向かっているということは，解釈そのものが良い効果を持つものだったために起こったことではなく，関係性の質に重要な変化が生じその結果それまでには得られなかった解釈が二次的に生まれてきたということを反映しているにすぎない可能性があるのである。解釈が大切なのか，それとも関係性の質の変化が大切なのかという議論は，なかなか複雑なのだ。

それでも解釈は重要

　いろいろと書いたが，私の現時点での結論は次のようなものである。すなわち，それでもなお解釈は精神分析的セラピーの技法の中でわれわれが一番エネルギーを傾注して習得すべきものである，というものだ。
　先ほど述べたように，解釈は実は本質的に重要ではないかもしれない。それは何かもっと本質的な変化の指標にすぎないのかもしれない。しかし，非解釈的な要素による治療法をマスターすることは大変なことである。関係性の質をシフトさせるということはなかなか意図してできるものではないことは，容易に想像されることだろう。解釈は，それがたとえ本質的な関係性の変化が起こった後に生まれるものであるにすぎなくても，固有の価値があると考え，その技法をしっかり学ぶことが重要だと私は考える。
　解釈の技法を学ぶことに対する批判的な意見もある。セラピーにおいて大切なのは，知識や技法などではなく，セラピストというパーソンを患者がどのように体験し，セラピストとどのような関わりを持つか，という意見である。その考え方は，大きな方向としては間違っているとは思わない。しかし，自分というパーソンを体験してください，とだけ

患者に言うとしたら，専門家として何と無責任なことだろう。そんなわけにもいかないだろう。専門家として精神分析の知識や技法を一生懸命習得しようとするセラピストの姿勢は，セラピストのパーソンの重要な一部であり，それは患者にも良い意味で伝わると私は思う。問題なのは解釈の技法に万能的な期待を寄せることであって，解釈の技法そのものではないのである。

解釈を生み出すために

　解釈の技法を学ぶ意義が明確になったところで，続いて解釈の技法について具体的に述べることにしよう。解釈の技法についてこころのモデルを念頭においた議論を行うことは可能であり，また重要なのだが，それはあと回しにすることにして，最初にいくつかの実践的指針を述べたいと思う。

情緒に着目する
　人は，知識や理解などによってよりも，情緒によって駆り立てられるものである。知識や理解によって動かされることももちろんあるのだが，根底のところではそれよりも原始的な情緒によって突き動かされている。お互いに憎しみ合っている二人が冷静に話し合おうとしても全くうまく行かないものであるし，お互いに相手のことを好ましいと思っていれば多少の理解の違いなどどうでもよくなってしまうものである。
　精神分析的セラピーにおいても，知識や理解よりも情緒が中心になる。そもそも，知識や理解を得てこころの悩みが治るなら，最近ではネット上に情報が溢れているので，図書館に行くことすらせずにとっくに良くなっているはずである。患者の悩みは，情緒的混乱や，そもそも自分が何を感じているのか分からないといったところに由来していることがほとんどである。

解釈を考えるにあたっても，当然情緒に真っ先に着目すべきだ。患者の話の**どこに情緒的高まりがあるのか**をじっくりと見極めることが重要である。すなわち，**経済論的観点**から話を聴くことである。情緒的高まりを的確に把握していれば，少々稚拙な介入であっても十分効果的であることが多い。逆に，いかに工夫を凝らしても，情緒を摑み損ねているとうまく行かないものである。

物事の二つの側面について同時に考える

次の指針は，物事の二つの側面について同時に考えるということである。例えば，「上司が苦手なので，会社に行くのが億劫だ」と患者が述べるとしよう。一つの側面は「億劫だ」という側面であるが，患者が会社に行くということのもう一つの側面にはどのような可能性が考えられるだろうか。それを考えてみることは，解釈を考え出すことにつながる。

会社に行くことは，上司に対して自分の力を見せつけるという側面を持っているかもしれない。同僚たちというライバルと競い合うという側面も持っているかもしれない。会社や上司に自分の面倒を見てもらうという側面も持っているかもしれない。退屈な家の外で刺激的なことに触れるという側面をもっているかもしれない。大人としての責任を果たすという側面も持っているかもしれない。可能性はどんどん広がっていくだろう。

もちろん，頭の中でいくら可能性を考えてもそれが目の前の患者に当てはまらないのであれば仕方ないので，実際には患者の話を聴きながら，話の中に隠れているものの患者がほとんど意識化できていないような側面のことを考えることになる。

すると先ほどの例であれば，セラピストは，「会社に行くのは億劫だけれども，行って自分の力を見せつけたいとも感じているようですね」と解釈したり，「会社に行くのは億劫だけれども，行くと会社や上司が何かと面倒を見てくれるので落ち着くと感じているところもあるようで

すね」などと解釈することができるかもしれない。

　物事の一つの側面だけに注目していると，介入は単調になりがちである。今の例で言えば，「それは大変ですね」とか，「上司が苦手なのですね」などと言った，すでに述べられていることをそのままなぞるような介入が中心になってしまう。それはそれで良いのだが，それだけだと，ある種の手詰まり感がセラピストの側にすぐに生じてしまう。言うことがなくなってしまうのである。

　また，これは境界水準以下の患者に特に言えることだが，患者の中に自分が被害者であるという意識が強く，かつセラピストにそれ以外の視点が存在していないと，すべては環境のせいだという理解から抜け出せなくなる。患者が実際被害者以外の何者でもないという場合もないわけではないが，多くの場合，患者の現在の困難は，被害者であるということの一点で説明できるようなものではない。患者が苦しんでいるのは，実際には過去の被害とはあまり関係のないことのためかもしれない。さらには，仮に苦しみの大部分が過去に被害を受けたということに由来するとしても，残りの部分は，被害者としての自分を少しでも手放したら今度は自分が加害者だということになってしまうのではないか，という無意識的な不安のためであるかもしれないのである。患者が一人でそのような複雑な理解に到達することは非常に困難なことであり，セラピストの助けがいる。セラピストは，物事を多面的に考えることができなければならない。

　物事の二つの側面を見ることの重要性について述べたが，それ以上の側面が発見されるかもしれない。それはそれで良いことである。一般に，セラピーにおいては，物事が複雑に見えてくれば見えてくるほどよい。しかし，当面は二つの側面を捉えることに集中することをお勧めする。三つ，四つとたくさんの側面が見えてきても，それらを同時に解釈に盛り込むことはなかなか難しいからだ。あとにも触れるが，解釈は，一般にシンプルであればあるほどよい。患者にとって何の紛れもない形

で提示される必要がある。変数をたくさん織り込んだ解釈は，理解することが難しくなる。

患者の三つ以上の側面を盛り込んだ複雑な解釈を考えるよりも，「AだけどもBでもあるのですね」というような形の解釈ができるようになることに当面は集中した方がよいだろう。慣れてきたら，三つ以上の側面に気づきつつ，その中のどの二つを取り上げるのかを考えるべきであろう。さらに進んだら，三つくらいの側面を盛り込んだ解釈をたまにはしてもよいかもしれないが，その時でもシンプルな解釈にすることを忘れないことが重要である。

「翻訳」することの重要性

精神分析的な解釈を考え付くことができるようになるために重要なもう一つのことは，「翻訳」作業である。「翻訳」と言っても，もちろん外国語を翻訳することを指しているわけではなく，ここでは精神分析的な言い換え作業のことを指す。それは，患者が日常の言葉で語る内容を心的な言葉を用いて言い換える作業のことである。

精神分析的な解釈は，この作業がごく自然にかつ円滑にセラピストの頭の中で行われていると浮かびやすくなる。この「翻訳」作業は，自覚的にセラピストの頭の中を占めている必要はなく，むしろ潜在的な形で行われていることが望ましい。

今患者が，「面接室の戸棚の中に何が入っているのかが気になります」と言うとしよう。その患者に対してセラピストが，「あなたは私の本心が気になっているのですね」というように「翻訳」し，患者の不安をこちらが理解したことを伝えるのが精神分析的な介入の例である。

まずは戸棚の中が気になる理由について質問をして，それを共に探究するという方針もあるだろう。戸棚の中が分からないという事態から生じる不安や恐れについて話し合う方針である。しかし，そのような探究を続けて行っても，多くの場合どこかで**心的内容**へのある種の**跳躍的な**

接続が必要になる。戸棚の中が気になる理由について探究をしていく中で，それは面接室の中に自分の知らないことがあると落ち着かなくなるためだという理解にまで至るとしても，それから先に行って心的内容に辿り着くためには，やはりある種の跳躍が必要なのである。戸棚は戸棚であってこころではないため，戸棚がこころだとするのは跳躍なしには言えないことである。その意味で，ここでいう跳躍は，精神分析的な解釈を考えるために必要なステップの一つである。

より丁寧に，「あなたが戸棚の中が見たいと言っているのは，この部屋についてあなたが知らないことがあるために落ち着くことができないからなのでしょうね。あなたがこの部屋について知らないことの中であなたにとって一番気になっているのは，私の心の中のことなのではないかと思います。私があなたのことをどう思っているのかが分からず，それであなたは落ち着かない気持ちになっているのでしょう」というように解釈するならば，跳躍感は若干減るが，それでも慣れないうちはなかなか思いつかないかもしれない。

分析的な言い換えの作業は，精神分析的解釈の基本である。この言い換え作業に慣れないと精神分析的な解釈を思いつくことが難しくなるが，さらに，他の精神分析的なセラピストとのディスカッションにも支障を来たすかもしれない。精神分析的な臨床家が集まって症例検討会を開くことがしばしばあるが，そこで取り交わされているディスカッションには，患者の話の言い換え作業が少なからず含まれている。そしてそのようなディスカッションの場数を踏んだセラピストは，いわば言い換えのレパートリーをたくさんに身に付けている。言い換えのレパートリーをあまり身に付けていない初学者は，そのようなディスカッションのテンポになかなかついて行けないかもしれない。しかし，この言い換えの技術というのは，経験を重ねれば必ずマスターできるものであると思う。

「翻訳」と自我の機能

　精神分析的解釈における「翻訳」あるいは精神分析的な言い換えについてもう少し詳しく見てみよう。この言い換え作業とは精神分析的には一体何をしていることになるのだろうか。哲学の言葉を用いれば，図式（スキーム），寓意（アレゴリー），象徴（シンボル）などの概念と関連するある種の変換のことを指しているということになるのだろうが，それらの概念についての議論は本書の枠を超える。ここでは精神分析の言葉を用いて，それは判断，推論，統合，分析などを含む自我の非防衛的機能，および自我の防衛的機能と関連していると考えておくことにする。

　すると次のように考えることができる。「戸棚の中」を「こころの中」として解釈するという言い換え作業は，精神分析の言葉を用いて説明するならば，自我の非防衛的および防衛的機能によって患者の内部で「こころの中」から「戸棚の中」への変換が生じたことを認識した上で，今度は逆に「戸棚の中」から「こころの中」へと，言い換えられる前の状態に戻してやる作業なのである。言い換え作業が必要になるのは，患者が心的な事柄を心的な言葉を用いて表現しない，もしくは表現できないためであるが，それは患者が心的な事柄を直視する苦痛を意識的にあるいは無意識的に避けようとしてのことである。すなわち，自分のセラピストのこころの中のことについて考えることは苦痛だが，面接室の戸棚の中のことを考えるのであれば苦痛が少ないという場合に，患者は「こころの中」を「戸棚の中」に変換した状態でわれわれに話すのである。

　患者による言い換えの対象は物だけはない。人物もまた対象になる。例えば，長期休暇明けの面接で，上司が出張に行ってしまったために仕事を進めようがなかったと患者が報告するならば，それをセラピストの不在についての話として聴くというようにである。この場合は，自我の防衛として置き換え displacement が用いられていると比較的容易に理解することができるだろう。

　ポイントは，患者は辛い気持ちをこころの中にそのまま置いておくこ

とができずに，さまざまな形で自我機能を用いて処理しようとしているということを忘れないことである。患者の話を額面通り受け取る前に，何かが他の形に変えられて表現されている可能性を考えてみることが大切だ。

　先ほど，言い換えに用いられる防衛機制として置き換えが用いられている例を挙げたが，それ以外にも，自己や対象の体験のされ方を根こそぎ入れ替えるような防衛機制（例えば，スプリッティング，投影同一化，取り入れなど）を用いて患者が自分自身のこころの中のことから距離を置こうとすることもしばしばある。

　例えば，セラピストに対して不満を言う患者は，セラピストに対して不満なのではなく，他の誰かに対して不満なのかもしれない。その可能性としては，1．他の誰か（自分の親など）に対して不満なのだがそれをセラピストに向けている，2．自分自身に対して不満なのだがそれをセラピストに向けている，3．他の誰かが自分に対して不満を向けてくると感じているのがだが，それを反転し，かつ対象をセラピストに置き換えて，セラピストに不満を向けている，などの場合が考えられる。3．の例では主客の反転とその後の置き換えの両方が関与しており，1．や2．よりも複雑である。不満を向けられている自己部分のセラピストへの投影同一化として理解することもできるだろう。最初は分かりにくいかもしれないが，このような思考に慣れていくことが大切である。慣れれば思いつくのはそれほど難しいことではない。

解釈技法の要点

解釈は最小限に留める

　患者の話を聴いているうちにセラピストの中に解釈が生まれてきたとしよう。次にその解釈をどうするかであるが，思いついたからと言ってそれをすぐに患者に伝えればよいというものではない。セラピストが，

こころに浮かんだ解釈をそのままこころの内に留めておくことはしばしばあることだ。

一般的に言って，精神分析的セラピーにおいては，**解釈は最小限に留める**と心得ることが重要である。解釈は少ないに越したことはないのである。大切なのは，**患者自身が気づきを得ること**であって，セラピストの気づきを見せつけることではない。患者が自力で思いつけるのであればその方が良いのである。

すると，一つの解釈を患者に伝えるべきかどうかについて，次のような原則が生まれる。すなわち，解釈を患者に伝えるのは，患者が解釈を自分自身で思いつくことができそうもない状態にあると思われ，かつ患者が解釈を有効に用いる準備ができていると判断される場合である。このいずれかの条件が満たされていないときは，解釈は少なくともその時点では控えておいた方がよい。自分自身で自分に関する解釈を患者が思いつけるのであればそれに越したことはないし，解釈を聞きたくない，あるいは聞いても分からないような状態に患者があるときには，解釈をしても患者にはピンと来ないか，さらには嫌がられるだけだからである。

分かりやすさと明快さを心掛ける

解釈は，分かりやすく明快なものでなければならない。基本的に，短ければ短いほど良いと考えておくとよいだろう。長々しかったり，複雑だったり，曖昧だったりする解釈は良くない。長く複雑な解釈は，専門家が聞いてもすぐには理解することが難しい解釈であったり，多義的すぎて理解を絞れないような解釈であることが多い。専門家が聞いてもはっきりと分からないような解釈であれば，患者は間違いなく混乱する。そのような解釈にもし患者が頷いてみせたとしても，それはただそうしているだけであるか，セラピストを喜ばせようとしているだけである可能性があるので，あまり当てにならない。誰が聞いてもはっきりと意味の分かる解釈を心掛けたいところである。

ただ，原則はそうであっても，いつも当てはまるわけではないので注意が必要である。一部の患者は，解釈が短いとそれを曲解して被害的に捉えてしまうので注意が必要である。そのような患者のほとんどは，境界水準あるいは精神病水準の患者である。

　神経症水準の患者は，セラピストの基本的な善意を問題なく信じることができる。仮に解釈が批判的ニュアンスを含むものであっても，それを患者の存在全体を否定するようなものとは捉えない。神経症水準の患者はセラピストとの基本的な信頼の感覚，同盟の感覚をこころの中に安定して持っているため，両義的である解釈であってもその感覚を拠り所として素直に耳を傾けることができる。さらには明らかに批判的な解釈であっても，セラピストが善意の意図で発したのだろうと捉えて建設的に用いることもできる。

　しかし境界水準あるいは精神病水準の患者は，そのような感覚を持っていない。したがって，多義性の高い解釈が伝えられると，批判的ではない解釈であっても解釈をされたこと自体が刺激となり，セラピストが自分のことを批判したのだと捉えてしまう。解釈の内容をじっくりと吟味するためには，セラピストによって解釈をされること自体を基本的には建設的なものとして体験できなければならないのだが，境界水準あるいは精神病水準の患者はそれができないことが多い。

　境界水準あるいは精神病水準の患者に対しては，解釈されることそのものが被害感をもたらすかもしれないということを想定しつつ，そのこともある程度入れた解釈をすることが大切である。例えば今，母親に密着し依存していたものの少しずつ独立しようとしている患者が，母親が自分を非難してきたと感じて，母親に対して珍しく怒りを感じたという話をしたとしよう。神経症水準の患者に対してであれば，単に，「お母さんに非難されたと感じて，あなたはとても腹が立ったのですね。でもあなたは自分がそう感じたことがとても怖かった」と母親に対する感情の両面を解釈すれば済むところが，境界水準あるいは精神病水準の

患者に対してはそれでは不十分であるかもしれない。「親に腹を立てては駄目だと言うのですか！　先生は誰に対しても怒らないと言うのですか！」と被害的に反応する可能性があるからだ。

　そのように反応する患者は，もはや解釈の内容に注目して理解しようとはしておらず，母親に腹を立てた自分を，セラピストとの間で今まさに生きているのである。すなわち，今や，母親に腹を立てたことで母親から見捨てられるのではないかという恐怖が，セラピストから見捨てられるのではないかという恐怖に置き換わっている。そして，怒りと見捨てられる恐怖という二つの感情の両方の中に留まるのが難しいため，怒りを増長させることで事態を単純化しようとしているのである。

　したがって例えば，「あなたにとってお母さんという存在はとても大きな存在ですね。でも人はそういう相手に対していろいろな気持ちを持つものです。あなたはお母さんに非難されたと感じて，実のところとても腹が立ったのかもしれないですね。でもそういう気持ちはあなたが普段お母さんをとても頼りにしている気持ちとだいぶ違うものかもしれません。そういうあなたは，自分がそう感じたことがとても怖いと感じたのかもしれないですね」と長目に解釈することが有効である。さらには，「これから私が言うことは，あなたがあまりこれまで感じてこなかったことかもしれないので少々聞いてしんどいかもしれませんが，あなたにとって重要なことだと思いますので，言いますね」と前置きしてから解釈を伝えれば，さらにリスクは低くなるかもしれない。

具体的であること

　これは解釈に限ったことではないが，精神分析的セラピーにおいては，話は具体的であればあるほど良いと心得るべきである。一般に，あまりにも抽象的な話は問題含みである。抽象的な話の抽象性そのものに問題があるかというとそうでもないのだが，抽象的な話が問題なのは，それがより具体的で日常的な話への防衛として機能している可能性が多々あ

るからだ。特に知的能力の高い患者は，どんどん話の抽象性を高めていくことで，自分の抱えている実際のところの問題から離れようとする力が強いので注意が必要である。

　患者が抽象的な話ばかりしていると，実際にどのような生活をしているのかセラピストには想像ができないことが多い。それは患者の意識的あるいは無意識的な意図，すなわち，セラピストに自分の生活の実際を知られたくないという意図を反映している可能性があることに留意すべきである。

　患者が面接の最初に展開する話題はその意味で非常に重要である。今日面接に来る途中にこんなことがあった，昨日こんなことがあったなどと患者が話し出したら，そこに重要な情緒が含まれているかどうかを注意深く聴くことが重要である。もしも重要な情緒が含まれていれば，その話題はすでにその面接の中心的話題である。その話題からしばらく離れることがあっても，その面接の中で繰り出される解釈の中には，その具体的なエピソードへの言及が含まれていなければならない。そうすることで，患者にとってのインパクトが増すからである。

　例えば今，患者が面接の冒頭で，面接に来る途中に母親に酷く叱られている子どもを見て，悲しそうな顔をしていた子どもが気の毒だと思ったというエピソードを話したとしよう。その後，それ以上その話が展開しなかったとしても，母親に叱られていた子どもは昔の患者そのものであって，患者はその子どものように悲しい気持ちだったのだろうということを忘れないようにしながら以後の話を聴かなければならない。そして，その後の話から親的対象に突き放される子ども的存在の悲しさというテーマが十分に成り立つと感じられたら，冒頭の**具体的なエピソードに必ず触れながら**そのテーマの解釈をするべきである。精神分析的セラピーにおいて，一般的な話はあまり有効ではない。

転移解釈を適宜入れる

　転移解釈は解釈の中でも最も精神分析的なものである。フロイトの時代は，転移は過去を想起することに対する抵抗としての面が強いと考えられていたが，現在ではこの関係は逆転している。すなわち，**転移が過去を想起することに対する抵抗なのではなく，過去を想起することが転移に対する抵抗である**と考えられるようになってきているのである。転移解釈の重要性は以前よりさらに増している。

　精神分析的セラピーの報告を聞いたり読んだりすると，「あなたはここでも私に対して○○と感じていますね」といった類の解釈が繰り返されていることに気づくだろうが，それは転移解釈が重要だと思っているのでなるべくそれをしようとセラピストが努力しているからなのだ。

　適切になされた転移解釈は大変な切れ味を持つ。精神分析的な技法の中でもっとも切れ味の良い技法であると言ってよい。しかし，精神分析的な解釈は転移解釈以外にもたくさんあるということを忘れてはならない。そして，転移解釈以外の解釈は，精神分析よりも精神分析的セラピーにおいて一層重要である。

　転移は面接室の中では常に起こっていることだが，それを解釈として伝えるべきときとそうではないときがある。先ほど述べたように，解釈は患者がそれをうまく用いることができると思われるときに伝えるのが重要である。転移解釈に関して言えば，患者が転移解釈をうまく用いることができるのは，患者の転移感情が刺激されていて，患者の意識に近づいているときである。そうではないときに転移解釈しても，それはどこか人工的な響きを持つにすぎなくなり，あまり良い解釈とは言えないだろう。

陰性転移は早期に解釈する

　転移解釈をむやみにしすぎないように慎重にならなければならないが，例外的な場合がある。それは，敵意や怒りなどの陰性の感情，すなわ

ち陰性転移がセラピストに向けられているとセラピストが感じたときである。一般に，陽性転移は，過度なものでない限りそのままにしておいてよい。しかし，陰性転移は早期に解釈する必要がある。なぜなら，陰性転移はそのままにしておくと治療の中断につながりやすいからである。そこが陽性転移とは決定的に異なる点である。セラピストに対する陰性感情は多くの患者にとって口にしやすいものではないし，また，持っていて心地よい感情でもない。そのような気持ちを抱えつつそれを吐き出すすべを持たない患者は唐突にセラピーに来なくなったり，あるいは破壊的行動化によってそれを行動的に示そうとする。そうなる前に，セラピストへの陰性感情を解釈し，セラピストが患者の陰性感情を十分に分析的に扱えるということを患者に示さなければならない。

発生論的解釈はセラピーが進んでから

　フロイトは，精神分析家が過去の記憶の掘り起こしに携わっている姿を遺跡の発掘作業に携わっている考古学者に譬えた。しかし近年では，このように考古学者の営みに似たものとして精神分析をモデル化することはほとんどされなくなった。転移解釈のところで述べたが，今では，患者による過去への言及は今‐ここでの情緒的体験から身を離そうという防衛的動きであるとみなされるようになった。それと並行するようにセラピストが過去に言及することに慎重になり始めたのはある意味当然であろう。すなわち，セラピスト側から性急に発生論的解釈（過去に遡って，「あの時の〇〇が今の問題につながっていますね」というような類の解釈）を行うべきではないと考えられるようになってきているのである。もしそれでもそうしてしまうとしたら，それはセラピストが患者との今‐ここでのやり取りから距離を置きたくなっているという逆転移上の問題を表しているかもしれない。逆転移の問題が絡んでいないとしても，最近では，発生論的解釈は知的には興味深いものだが，やや情緒的インパクトに欠けるという考え方が一般的になってきている。発生論

的解釈はセラピーがある程度進んでから少しずつ行っていく程度にした方がよいだろう。

解釈の考え方とメタ心理学

続いて、解釈の考え方について、今度はメタ心理学的議論に触れながら述べていこう。これまで述べてきたことからすでにお分かりかと思うが、解釈と一口に言ってもさまざまな種類がある。同じ臨床状況に対して複数の解釈が生まれる可能性があるのだが、どれが当たっていてどれが外れているというよりも、光の当て方が違うと同じ物体でも違って見えるのと同じで解釈もさまざまであるということであり、その意味で、さまざまな種類があるというよりも、さまざまな切り口があると言った方がよいかもしれない。臨床状況は非常に多様であるから、一つの切り口からいつも考えるのではなく、複数の切り口から考えられるようになっていた方がよい。ここでは、古典的自我心理学の切り口と米国対象関係論の切り口を見ていく。

古典的自我心理学

自我心理学が解釈について教えてくれることは非常に多い。自我心理学は、こころをまるで機械のように図式的に捉える傾向があり、転移 - 逆転移の関係性の今 - ここでの分析を重視する今日の精神分析の中での勢いは相対的に低下してきているが、それでもなお、その分析技法から学ぶことは多い。自我心理学の技法論は、その発想が比較的常識的なものであることもあって、精神分析的アプローチを学び始めた方にとって特に馴染みやすいものだと思う。

自我心理学派の技法は、フェニヘル Fenichel, O.（1941）が古典的自我心理学の立場から解釈の考え方をまとめた *Problems of Psychoanalytic Technique*（邦題『精神分析技法の基本問題』）、メニンガー Menninger,

K.（1958）の *Theory of Psychoanalytic Technique*（邦題『精神分析技法論』），グリーンソン Greenson, R. R.（1967）の *The Technique and Practice of Psychoanalysis Vol. 1*，同書の続編刊行を目論んでいながら急逝したグリーンソンの遺志を継いでまとめられた *The Technique and Practice of Psychoanalysis Vol. 2*（Sugarman et al（eds.）, 1992）などに詳しい。余裕がある方は参照されたい。

欲動派生物の同定

　古典的自我心理学によれば，精神分析的なセラピーにおいて目指すべきことは，意識から追い出された精神内容（本能や無意識不安）を患者の意識の中に再び呼び戻すことである。そのためにセラピストが注目すべきなのは，患者の語りの中に表れる**欲動派生物**である。自我心理学で繰り返し強調されるのは，この欲動派生物の概念である。クライン派の精神分析では空想の概念の重要性が何度も唱えられるのと似ているかもしれない。

　第6章でも述べたが，患者が欲動そのものを語ることはない。われわれはその派生物についての話を聴くのである。先ほど解釈における具体性の重要性について述べたが，その理由の一つは，患者の語りの中に現れる具体性が，欲動派生物に他ならないからである。患者はリビドーや攻撃性そのものを語るわけではない。リビドーや攻撃性は無意識的であり，直接話しかけることは難しい。したがって，それらの派生物に耳を傾けるのである。

　今男性患者が，草を刈るという行為に黙々と熱中していたと報告するとしよう。草を刈るという行為がどのような文脈に埋め込まれていたのかに関心を持つことが大切である。今仮に，その文脈が，女性を前にしての自分に，男性として自信を持てない悩みというものであったとしよう。その場合に草を刈る行為を欲動派生物だと想定して考えてみるとどうなるだろうか。もちろんこれほど限定してもさまざまな可能性がある

のだが，その一つは，草を刈るという行為を攻撃性という欲動の具体的な表現として理解するというものである．すなわち，患者が女性による**去勢不安**を抱えており，それを反転して草を刈ることで女性を逆に去勢しようとしていると解釈することができる．草は女性性を表していると考え（草が陰毛や陰核を表していると考えてもよいだろう），それを刈るという行為が草刈りであると考えるのである．ここで大切なのは，草刈りに熱中していたという報告を字義通りに捉えることではなく，草刈りに熱中していることが**攻撃性の欲動派生物**であると認識することである．

別の例を挙げよう．ある患者は，セラピー中に急に尿意を催し，トイレに行きたいと言い出した．この患者は，異性との恋愛関係に悩んでいた．そういう文脈で尿意が語られたとするならば，尿意が欲動派生物であると推測されるのである．尿意は，性的な興奮あるいは攻撃性が意識にとってより受け入れやすい形に置き換えられたものだと考えられるからである．この場合，尿意は**リビドーあるいは攻撃性の欲動派生物**なのである．患者の語りの中に欲動派生物を見つけるということがどういうことかのかお分かりいただけたかと思う．

表層から深層へ

自我心理学的な解釈技法において次に重要な点は，解釈を浅いところから深いところへ，あるいは**表層から深層へ**と進めることである．意識に近いところでなされる解釈は，**浅い解釈** *superficial interpretation* と呼ばれる．一方，無意識に近いところでなされる解釈は**深い解釈** *deep interpretation* と呼ばれる．

もっとも古いタイプの精神分析的な解釈は**イド分析** *id analysis* を目標とした解釈だった．すなわち，意識されていないものと意識されているものを区別し（無意識，前意識，意識を区別し），無意識領域に留まっているものに言葉を付与することによって，それを前意識へと浮上さ

せる解釈である。前意識とは，普段は意識していないが意識しようと思えば意識できる性質を持っているから，前意識化できれば，あとはそれを意識化することはそれほど難しくはない。

　しかしその後精神分析の経験が積み重ねられていくにつれ，イド分析は想定していたよりも困難であることが判明してきたのである。自我の防衛の巧みさは相当なもので，イドを分析して解釈しても，それに対してすぐにそれを帳消しにするような防衛が動員されてしまうのである。その後の自我心理学の発展の中でイド分析に代わって**自我分析**（主として**防衛分析**）が主流になっていった背景にはこのような事情がある。

　このことを言い換えると，自我心理学的な解釈の大原則に至る。すなわち，**表層から深層へと分析を進める**ことである。本当は，人間のこころに表層であるとか深層であるとかが実体としてあるわけでもないが，無意識により近いこころの領域がこころのより深層に位置しており，意識により近い領域が表象に位置しているとイメージすると直観的に把握しやすいため，この比喩が用いられているのだろう。

　なお，表層から深層へと分析を進めることと並んで，自我心理学では**精神内容の前に抵抗を解釈する**ことが強調されるが，この二つは，実は似たような意味である。また，精神内容の前に抵抗を解釈するということは，防衛されている内容の前に防衛を解釈するということとかなりの部分重なっていると考えてよい。抵抗とは，治療が前に進むことを妨げるものが作動しているということを表す臨床用語である。一方，防衛とはこころを守ろうとしてこころの内外において展開されるある種の心的操作のことである。防衛は，臨床場面では抵抗として現れるが，抵抗は防衛だけではない。最大の抵抗は転移である。しかし防衛は抵抗のうちの少なからぬ部分を説明することができるため，現代自我心理学は抵抗分析を重視していると言われたり，防衛分析を重視していると言われたりするわけである。

　話を元に戻そう。ここで大切なことは，浅い解釈を深い解釈よりも優

先させるということに関する自然な疑問に答えておくことだろう。一般的に言って，「深いこと」は「浅いこと」よりも価値の高いことであるとされている。「浅い」思考とは「浅薄な」思考と言い換えることもできそうだが，浅薄な思考が深い思考よりも価値が高いとは到底思えないのではないか。したがって，深いことを浅いことの後回しにするという自我心理学の原則は，われわれの直感に反することだろう。

　しかし，自我心理学的な技法論が勧めているのは，もちろん浅薄な理解ではない。理解は最終的に深みに達しなければならないのだが，そのためには浅層を経由せざるを得ないと言うことを言っているだけである。

　この自我心理学的な考え方とは反対の見解を述べている学派も存在する。クライン派の精神分析はその代表である。クライン派の技法論は，浅層から一枚一枚防衛を剥いでいく自我心理学のそれとは異なり，核心的な不安の所在に一貫して視線を向けている。それでも核心的不安を解釈する際にはある程度防衛に触れなければならないのだが，クライン派の精神分析技法においては，系統的な防衛分析よりも，最深部の不安に触れることの方が重要であるとされる。

　ここに自我心理学とクライン派の技法論のどちらが優れているのかという問いが生じるが，これには明確な答えはないというのが私の考えである。その理由だが，より細かく見ていくと，自我心理学の技法もクライン派の技法も，表層と深層のどちらかだけを扱うような技法論を提唱しているわけではない。学派を問わず，**良い解釈には防衛と防衛されているものの両方の要素がある程度は含まれている**ものである。主にどちらにより注目していくかの違いがあるだけだともいえる。学派を問わず，熟練した分析家は，防衛と深部の不安の両方に，順序が前後することがあっても，適切に触れているものである。

　表層から深層へという原則は，**構造論的観点**からは，**自我の側の分析から始める**ことと表現できる。あるいは**力動論的観点**からは，**抵抗（防衛）を内容（防衛されているもの）の前に解釈する**ことと表現できる。

ある瞬間において，防衛と防衛されているものの対が複数同定される場合，**経済論的観点**から，その中で最も**情緒**のこもっているものを選び出し，それを解釈することが勧められる。

　「あなたは〇〇のように感じているのですね」のような解釈がある。〇〇は，例えば怒りであったり，心細さであったりさまざまである。このような解釈の良い点は，それが情緒に触れようとしている点である。実際多くの場合効果的である。しかしこのような解釈では不十分であることも少なくない。「あなたは本当は腹が立っているんでしょうけれども，そう言えないのですね」というような解釈は，防衛と防衛されるものとの間の葛藤に十分に触れていないため，「腹を立てていることを表現すればよい」という助言に聞こえてしまうからである。腹を立てているけれどもそれを表現できないでいるのは，そうできない理由があるからであり，解釈はそこの葛藤に触れてやらなければならない。一歩進めて，「あなたは腹を立てているのでしょうが，それを口にすると嫌われて見捨てられてしまう感じがして，腹立ちを表現することはとてもできないのでしょう。それであなたは正反対の振る舞いをしているのでしょうね」のような解釈の方が良い。この場合，「腹を立てている」ことが防衛されている精神内容である。「嫌われて見捨てられてしまう」は，腹立ちを表現することで起こり得る事態に関する空想であり，防衛されている精神内容の一部であるが，腹立ちという精神内容と葛藤的関係にある。葛藤は，精神内容の間でも起こり得るのである（言い換えれば，自我の内部にも葛藤が存在し得るということであるが，実はこの考え方は，対象関係論の考え方に訴えた方が分かりやすい）。「正反対の振る舞い」とは，例えば，感謝の気持ちを過度に表したりするような振る舞いのことである。強迫的な患者に多い「打ち消し」的な態度である。これが，精神内容に対する防衛的動きとなっている。もちろん，防衛的動きは「正反対の振る舞い」以外にもたくさんの可能性があるのだが，精神内容と防衛の葛藤を解釈するということがどういうことなのかが何とな

くお分かりいただけたかもしれない。

「完全な解釈」について

完全な解釈 *complete interpretation* というものが仮に存在するとしたら，それはどのようなものなのだろうか。それを知っておくと，解釈を考える上での目標が設定できるため，やりやすいかもしれない。「完全な」という言葉を用いたが，perfect という意味ではなく，complete という意味であるから，「十全な解釈」という訳語を用いた方が良いのかもしれない。「扱われるべきものがすべて揃っている解釈」という意味での complete interpretation であることに注意されたい。

何をもって「完全な解釈」とするのかは，悩ましいところである。実はこれにはさまざまな考え方があるのだが，一番分かりやすい考え方は，防衛の存在，防衛されているもの（多く場合，情緒），関連する無意識的願望と力動の三点に言及し，さらにそれらを，**今‐ここでの転移状況，現在の転移外状況，過去の発達上の状況**の三点に関して結びつけるようなものである。

メニンガー Menninger, K.（1958）は，今‐ここでの転移状況，現在の転移外状況，発達上の出来事の三点に関しての洞察を「洞察の三角形」として説明したが，この「三角形」において「洞察」されるべきことが，防衛の存在，防衛されているもの，関連する無意識的願望と力動の三点なのである。

したがって，「完全な解釈」とは，例えば次のような解釈である。

> あなたは今日大学に行こうとしたところ腹痛に悩まされて結局行けずじまいでしたが，大学に行こうとしたことと腹痛に悩まされたことは関係があることなのでしょう（心的プロセスの存在の指摘，腹痛が身体化という防衛である可能性の示唆）。それは大学の先生があなたに対して威圧的に振る舞っていることに対してあなたが怒

りを感じているからでしょう（防衛されている情緒，ここでは怒り，の解釈）。しかし，あなたにとって，大学の先生に対して怒りを感じるということは，逆に先生から怒りを向けられてしまいそうで危険なことのようにあなたには感じられるのでしょう（背景にある無意識的願望，この場合先生に対する攻撃願望の存在の解釈，そしてそれによって自我が危険に晒されることの解釈）。同じように，あなたは今日私が面接を数分遅れて始めたことに対して今-ここで怒りを感じているものの，そのことは，私からの反撃を引き出してしまいそうで，あなたにとって危険なことのように感じられているのでしょう。それであなたは，今トイレに行きたくなっているのでしょう。このことは，あなたが子どもの頃，忙しさにかまけてあなたを省みなかったにもかかわらず，成績が悪いと言ってあなたを叱り飛ばしたお父さんに対してあなたが心底怒りを感じた時，あなたが気持ち悪くなって吐いてしまったことと同じことなのでしょう。飛び出して来るのは腸や胃や膀胱の中のもので，あなたのこころの中の怒りではないのですね。

　かなり長々しい解釈であるが，「完全な解釈」というものがどのようなものかがお分かりいただけたかと思う。実際には，このように長い解釈が一度に伝えられることはほとんどない。部分部分の「不完全な解釈」がなされることが多い。また，上記の例の場合，分かりやすくするために説明的な文言を入れたが，実際の臨床場面では説明的部分を削除してもっと簡潔に解釈することも多い。
　最近の精神分析の流れでは，過去の発達上の状況に言及することの必要性の見直しがなされてきている。過去の発達上の状況というものは，実際には患者の語りを通した構築物である可能性がある。したがって，その時点に遡るかのように分析をすることには問題があると最近では考えられつつある。過去の発達上の状況について考えるということは，他

の表現を用いれば**発生論的観点**から考えるということであるが，すでに述べたように，発生論的観点にはあまり拘らずに今‐ここでの状況に集中するのが現代精神分析のトレンドである。しかし，発生論的観点はフロイトの時代からの精神分析の得意領域でもあるため，全く考慮しないというのもどうかとは思う。

「完全な解釈」をすることはほとんどないのだが，その概念を知っておくことで，自分がしている解釈がどの部分をカバーしており，どの部分をカバーしていないのかが分かりやすくなるだろう。

米国対象関係論

古典的自我心理学の考え方と並んで，米国精神分析の重鎮であるカーンバーグ Kernberg, O. F. によって長年率いられてきた米国対象関係論の考え方を紹介しよう。カーンバーグはクライン派の対象関係論を学んだ後に米国で自我心理学の考え方を身に付けた分析家であり，その考え方は対象関係論と自我心理学を融合させたようなものである。米国対象関係論は，自我心理学的対象関係論あるいは対象関係論的自我心理学と表現できるような考え方である。

米国対象関係論の特徴

カーンバーグが勧める解釈に至る手順は，情緒に着目することや防衛と防衛されているものの間の葛藤に注目することなどの点で，自我心理学的な手順を基本的には踏襲したものである。自我心理学の考え方と大きく異なる第一の点は，カーンバーグが自我内における関係性の構造に目を向けて解釈を考えている点である。第二の点は，表層から深層へ分析を進めるという自我心理学的な原則を踏襲しつつも，深層の解釈に関して自我心理学よりも積極的であることである。

第一の点についてもう少し説明しよう。自我内における関係性の構造という表現は硬い表現であるが，これは言い換えれば，患者にとっての

自己のイメージ，対象のイメージ，その両者の結びつき方の情緒的質が，自我内である程度安定した形で存在している（＝構造化されている）ということを意味している。再び硬い表現になるが，自己のイメージには**自己表象**という言葉を，対象のイメージには**対象表象**という言葉を用いるのがより分析的である。そこで以下はこれらの言葉を用いることにする。

第二の点は，クライン派の考え方に大きく影響を受けたものであるという点である。すでに述べたように，クライン派の精神分析では，深層の解釈を重んじる。米国対象関係論においては，基本的には表層の解釈を深層の解釈に優先させるのだが，場合によっては，クライン派のように，深層の解釈を表層の解釈に優先させる。それでは，表層と深層のどちらを扱うかということに関する指針であるが，セラピーが比較的順当に進んでいる場合には自我心理学的なやり方がより勧められる。しかし，陰性転移が急激に展開した場合や，深層と浅層が目まぐるしく交互に入れ替わっているかのように思われ，どちらがどちらか分からないような錯綜した状況の場合は，深い解釈を優先させる方がよい。浅すぎる解釈は，無難である一方，セラピーの状況が荒れている場合にはそれを収める力を持っていないからである。

解釈に至る手順

以上の二つの特徴を持つ米国対象関係論において，実際に解釈を考え付くに至るにはどのような手順に沿っていけばよいのだろうか。以下にそれを具体的に示していこう。

最初にすべきことは，関係性のパターンを，それに伴っている情緒を含め同定することである。そのためにはまず，患者のこころの中の自己表象，対象表象を見つけることが重要である。続いてその両者の間の情緒を把握する。例えば，「虐げられている私」という自己表象，「過酷な親」という他者対象，そしてその間に漂う陰性の情緒の三つを同定する

ことである。

　この際，境界水準の患者は単純化された自己表象，対象表象を持っているものであることに留意するとよい。スプリッティングの防衛機制によって，良い点と悪い点の両方を持つ自己あるいは対象という複雑なイメージは，「良い自己」，「悪い自己」，「良い対象」，「悪い対象」とにスプリットされてしまっているからである。

　したがって，ある一つの自己表象を同定したら，それと反対の自己表象もどこかにあると考えてよい。「虐げられている私」という自己表象を持つ患者は，自己と対象の役割を反転して，「やり返している私」という自己表象を持っているものである。また，自己表象と対象表象の間の情緒を陰性のものに転じて，「完璧に世話をされている私」という自己表象を持っているものであるし，その情緒の中において自己と対象の役割を反転して，「完璧に世話をしている私」という自己表象をも持つ。これらの自己表象は，それぞれに対応する対象表象とセットになって自我の中に存在していると考えると良い。

　自我心理学の考え方とは異なり，対象関係論の考え方では，**自己表象は常に対象表象とセット**になって患者のこころの中に存在している。「○○という私」という自己表象があれば，それは常に「△△というあなた（相手）」という対象表象とセットになっている。そしてこの「○○」と「△△」は主客が転倒したようなものになっている。すなわち，「○○」が「大切にされていない」であれば，「△△」は「相手を軽んじる」となる，というようにである。これらのセットは，理屈の上では，少なくとも2×2の4セットあるはずである。一つの自己表象に対して主客を転倒したような対象表象が存在する。そして，その情緒を反対の情緒に転じた自己表象および対象表象が存在し，その間での主客の転倒も存在する。したがって，2×2の4セットである。実際の臨床が，このように算数のように分かりやすいはずはもちろんないが，参考までに頭のどこかに置いておくことは役に立つことだろう。

このように，自己対象と対象表象のセット，その間の情緒を同定することで，**対象関係ユニット**が浮かび上がる。この対象関係ユニットを用いて解釈を考えるのであるが，その際に大切なことは，すでに述べたように，**物事の二つの側面について同時に考える**という姿勢を忘れないことである。対象関係ユニットの二つの側面について同時に考えるということは，第一に，**主客が転倒した対象関係ユニット間の葛藤に注目する**ことであり，第二に，**情緒が反対に転じた対象関係ユニット間の葛藤に注目する**ということである。

セラピーの初期においては，患者の中の自己表象，対象表象，そしてその間の情緒をセラピストが理解したことを確実に伝えるだけもよい。それだけでも，患者のこころの中の風景は大分整理されてくる。進んできたら，対象関係ユニットの間の葛藤を解釈していくことが重要である。

クライン派の精神分析が今‐ここでの転移の分析を重視しているのと同様に，米国対象関係論においても，今‐ここでの転移の分析は大変重要な要素である。しかし，表層から深層へという基本的な原則とも関連するが，まだ無意識の深部に埋まっており，あまり意識の層へと近づいていない転移に関して，それを早々に解釈することは米国対象関係論では勧められていない。あくまでも情緒の込められている素材を解釈することが重要であり，それが転移外のものであれば，転移外のこととして解釈することが優先される。もっとも，自傷の恐れがあったり，セラピーを止めるといった脅しがある場合などの際には，転移解釈を積極的に行っていくことが大切である。一般に，解釈を表層水準でとどめておくか，深層の解釈を行うか迷うようであれば，深層の解釈を優先させるべきである。深層の解釈を行ってからそれが間違っていることが分かったとしても，それを修正することで対応できるが，本当は深層の解釈をすべきところで表層の解釈を行ってしまうと，解釈が間違っていたのか，解釈をする層が浅すぎたのかが判断しがたくなるからである。

以上の手順にしたがい解釈を繰り返していくことで，患者の対象関係

ユニットはさらに整理されていく。セラピーが進んでいくと，原始的な（単純化された）自己表象と対象表象が統合されていき，対象関係の世界が複雑化していく。

　以上，解釈について古典的自我心理学と米国対象関係論が論じていることを簡単に紹介した。実際に解釈ができるようになるためには，とにかく経験を積み重ねることが重要である。経験豊かなスーパーバイザーに，日々の臨床素材からどのような解釈が導き出せるのかを実際に教わることが重要である。さらには自分自身が精神分析的セラピーを受ける経験があれば，その中で体験的に学ぶことができるだろう。自分自身の体験から学ぶことで，解釈の技法はより自然に身に付けることができると思う。

第10章 精神分析的セラピーにおける介入の多様性

精神分析プロセスを進めるものにはいろいろある

　前章では，解釈の主な種類，解釈に含まれるべき要素，解釈に至るまでの方法などを論じた。その際，解釈以外の方法，あるいは解釈を伝えることのもつ広い意味，その文脈などについてはあまり取り上げなかった。精神分析的な解釈はとても効果的であり，そして魅力的であるため，それを習得する方法にまずは集中した。

　しかし，精神分析的セラピーを実践していくと，解釈以外にも，精神分析プロセスを促進するものはたくさんあることが分かってくる。前章の冒頭でも述べたように，実は，精神分析の世界における解釈の地位は年々低下してきているのである。フロイトの時代と比べて，解釈は絶対的に重要なものではなくなってきている。

　それでも精神分析的セラピーにおいてセラピストが主に行う介入が解釈であるということはあまり変わっていないが，現在では精神分析的セラピーにおいて根本的な変化が起こるプロセスは，非常に複雑なものだと考えられている。以前は，解釈が知的洞察をもたらし，それが直接的に治療的変化を起こすと考えられていた。しかし，それほど分かりやすいものではないと考えられるようになってきた。

　解釈以外のものが重要になってきたのだが，それではそれは具体的に

は何を指すのだろうか。それに含まれるものの考え方にはさまざまな可能性があるが，精神分析的セラピーをする上で，解釈以外のものが何であるのかについて何らかの理解を持っていることは必須である。

そこで本章では，精神分析的セラピーにおける介入にはどのようなものがあるのか，まずその全体を振り返り，続いてそれらをいくつかに分類しながら，精神分析的セラピーにおける介入のあり方ついて考えることを試みてみたい。その中で，解釈以外の介入の可能性について紹介する。

精神分析的セラピーにおける介入のあり方についてあらためて考える

精神分析的セラピーにおける介入のあり方について考えるために，セラピーにおけるセラピストの介入の種類をいくつかの観点から分類してみよう。気をつけていただきたいのは，介入という言葉によってここで表すものの中には，本当は反応と呼んだ方が良いものも含まれていることである。セラピストが治療の中で行うことには，意識的に，自発的に行うもののみならず，患者に向けてセラピストがいつの間にか気づかずに示してしまっているさまざまなものも含まれる。前者の，意識的に，自発的に行われる介入が狭義の介入と言えるだろう。

一方，セラピストがいつのまにか気づかずに示すものは，反応と呼ぶべきかもしれない。しかし，ここでは介入という言葉の意味を広げて，後者の，反応と呼ぶべきものも含むものとする。

今，患者がセラピストに怒りを向けているところを想像してみよう。それに対し，どのような介入があり得るか，考えてみよう。「あなたは私に怒っていますね」というのはある種の解釈[注7]（この場合広い意味での解釈で，そのうち明確化あるいは直面化）である。状況によっては，さらに踏み込んで「あなたは私に怒っていますね。それは私があなたの

ことを軽く考えていると感じてそれに傷ついてのことなのでしょうね」という解釈（この場合狭い意味での解釈）も考えられる。

しかし，ここで考え得る介入は，解釈だけではない。例えば，「うーん」，「ああ」などという言語的介入もあり得るだろう。これは明確化，直面化，狭い意味での解釈のどれにも当てはまらないが，それでもやはり言語的介入の一種である。さらには，言葉を用いない介入もあるだろう。例えば，ちょっとのけぞったり，視線を変えたりするような介入である。これらは，反応といった方がしっくりくるかもしれないが，先ほど述べたように，これも広い意味での介入に含むものとする[注8]。

このように，精神分析的セラピーにおいてはさまざまな種類の介入の仕方があるのだが，ここで，それらを次のように分類してみる。

1. 言語的介入と非言語的介入
2. 精神内容に関する介入とプロセスに関する介入

1. の分類の仕方は，コミュニケーションのモードに関する分類である。一方，2. の分類の仕方は，介入が向けられている概念についての分類である。以下，それぞれの分類の仕方について，さらに詳しく論じていこう。

注7）第8章で少し触れたが，解釈の中に明確化と直面化を入れ，まとめて，解釈と呼ぶことがある。これを広い意味での解釈と呼び，通常の意味での解釈すなわち狭い意味での解釈と区別する。何も断りがない場合，解釈といえば狭い意味での解釈のことを指す。

注8）のけぞったりすることは，多くの場合，いつの間にか気づかないうちにしていることなので，反応と言った方がいいのかもしれない。しかし，意識しつつのけぞることもあるだろう。自発的なものと，いつの間にかしていることの間の垣根は思ったよりも低いのかもしれない。それは解釈という行為にもある程度当てはまることである。例えば，今までよりも解釈が少なくなったり，ある種のテーマに関する解釈ばかりがされたりということが考えられるが，それは介入であり，反応でもあるからである。したがって，ここでは介入と反応という言葉を使い分けることをあえてせずに，介入ということばで統一している。そうしないと，解釈は実は反応でもあるということが隠されてしまうからである。なお，以上の論点は，近年活発に議論されているエナクトメント論と関係している。

1. 言語的介入と非言語的介入：コミュニケーションのモードに関する分類

　介入の分類の中でも、代表的なものは、言語を介したものと非言語的なものに分ける分類であろう。

1-(1). 言語的な介入

　いわゆる解釈はすべてこれに含まれる。さらに、解釈とは一般的には見なされないもの、先ほど挙げた、「うーん」とか「ああ」というものも言語による介入である。それ以外にも、「続けてください」、「そうなんですか？」、「時間ですね」、「それはどうでしょう」など、たくさん考えられるだろう。

1-(2). 非言語的な介入

　非言語的な介入は、声の調子、顔の表情、ジェスチャー、姿勢など多岐にわたる。例えば、大きくうなずく、目を落とす、眉をひそめる、口を堅く閉じる、足を組み替える、前のめりになる、大きく息をつく、などの介入がある。前述の通り、これらは反応と呼んだ方がよいかもしれないのだが、どこまで自発的なのかどうかはっきりしないことも少なくないため、介入と呼んでおく。

　これと関連する余談であるが、最初のアポイントメントを取る時には、一度電話で直接話すことをお勧めする。日本の場合、普通の精神科外来初診も予約なしのことが多いので事情は若干異なるのだが、私は、米国にいたときは、セラピー目的の方でも精神科診察目的の方でも、すべてのアポイントメントを電話で一度話した上で取っていた。顔は見えなくても、声の感じ、しゃべり方で大体どのような雰囲気の人なのかが伝わってくるものである。逆に患者の側も、私がどのような人なのかをきっと電話の向こうで感じたことだろう。最初の電話の雰囲気が良いと、その後の治療関係も良好なものになるものだ。最初から、患者の個性と私

の個性が絡み合って,協力的な二者関係性が成立しているのである。強力な投影同一化[注9]は電話でも容易に活性化され,少ししか話していないのに,こちらがイライラしてくるような患者もいれば,何とかして助けてやらないと,とこちらが感じてしまうように救済願望を刺激してくるような患者もいる。

2. 精神内容に関する介入とプロセスに関する介入：介入が向けられている概念についての分類

次に,精神分析的セラピーで扱うものには,精神内容に関する介入とプロセスに関する介入の二つがあることを認識することが非常に大切である。この区別は,一見分かりにくいものだが,これを意識することで,精神分析的セラピーの理解が深まる。

2-(1). 精神内容に関する介入

まず,精神内容に関する介入について考えてみよう。精神分析がその始まりから今日に至るまで最大の関心を払い続けてきたのは,精神内容,特に無意識的な精神内容である。したがって,精神内容に関する介入は,もっとも精神分析的であると言える。

精神内容とは何か。それを典型的に見ることができるのは,フロイトの局所モデルにおいてである[注10]。精神内容に関する介入の一番分かりやすい例は,この局所モデルを念頭において,無意識内の内容を言葉にして伝えることでそれを意識化するというものである。

注9) 自分の中に抱えられない情緒を相手に投げかけ,そのことにより自分の中の抱えられなさを処理する防衛機制。
注10) よく知られているように,フロイトは最初,こころが無意識,前意識,意識からなるというこころのモデルを考え,それを局所モデルと呼んだ。フロイトはそののち,こころがイド,超自我,自我からなると考える構造モデルを考えたが,局所モデルと構造モデルとは相互排他的なものではない。むしろ,こころを見るときの二つの視点として理解するとよいだろう。

180　第三部　精神分析的セラピーの基本と方法

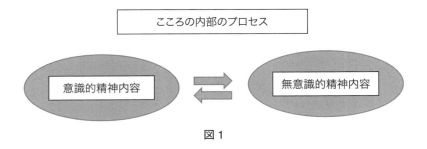

図1

2-(2). プロセスに関する介入

　精神内容に関する介入としばしば対比されるのが，プロセスに関する介入である。精神内容を扱うということに比べて，プロセスを扱うということはより分かりにくいものだが，この違いをよく理解することが重要だ。

　プロセスは，さらに二つに分けて考えると理解しやすい。一つ目のプロセスは，患者の**こころの内部のプロセス**である。今，精神分析的セラピーの進行を患者のこころの内部に焦点を当てて考えてみよう。精神分析的セラピーの大きな目標は無意識的世界の探究にあるが，無意識的世界（無意識的精神内容）はすぐに到達できるようなものではない。特に始めの頃は，精神分析的セラピーにおいて報告されることの多くは患者の意識的世界（意識的精神内容）に関するものである。そこから入って無意識的世界に到達するルートを見つけなければならない。患者のこころの内部における精神分析的セラピーのプロセスを図示してみよう（図1）。

　精神分析的セラピーにおいては，報告される内容が意識的なものであっても，最終的には無意識的精神内容に達することを目指すのが基本である。例えば，家の鍵が締まっているかが気になる（意識できる精神内容）という患者の訴えから始まっても，鍵の話だけで終わってはならない。その背景にある気持ちとして，自分のプライベートな領域に踏み込まれる患者の不安（無意識的精神内容）を解釈しようとすることが重要

第10章　精神分析的セラピーにおける介入の多様性　*181*

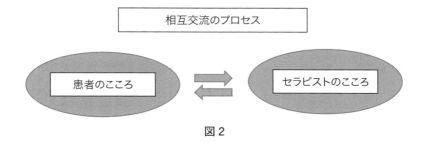

図2

である。

　意識的精神内容から無意識的精神内容に向かうプロセスは，一方向的にスムーズに進むというものではない。多くの場合，行ったり来たりしながら，長い時間をかけて無意識的精神内容の方に進んでいく。

　患者は自分の苦痛が無意識的世界の問題に由来するということを理解し，その上で無意識的世界を知りたいと思い，精神分析的セラピーを受けに来ているのだが，自分が本当はどんな人間なのかを知ることに伴う苦痛は，多くの場合予想していたレベルを超えるものである。その結果，セラピーが進行することを自ら邪魔をするということが起こるのである。これが，精神分析の言葉で抵抗と言われているものである。抵抗は，意識的精神内容から無意識的セラピーに向かう矢印を反対向きに変えようとする力である。したがって，意識的精神内容と無意識的精神内容の間には矢印が両向きについている。こころの内部におけるプロセスの典型は，**抵抗をめぐるプロセス**である。

　二つ目のプロセスは，患者とセラピストの**相互交流のプロセス**である。こちらも同じように図示してみよう（図2）。一つ目のプロセスは，意識的世界と無意識的世界との間の往来という意味でのプロセスだったが，二つ目のプロセスは，患者のこころとセラピストのこころの間の往来という意味でのプロセスである。少し分かりにくいが，例えばそれは，落ち込んでいる患者の陰鬱な話を聴いている間にセラピストのこころもまた陰鬱な気持ちに変化していき，そしてセラピストのそのような気持ち

の変化を感じた患者のこころがさらに変化していく，それを感じてさらにセラピストの気持ちが変化していく……という一連の流れのことを指す。

　二つの種類のプロセスについて紹介したが，いくつか注意が必要である。第一に，こころの内部のプロセスが比較的定義しやすいものであるのに対して，相互交流のプロセスはもっと茫洋としており，その範囲は極めて広いと理解しておくことが大切である。その茫洋さは，相互交流という言葉の持つ意味の広さに由来する。相互交流は，英語のinteractionの訳である。"inter"は「間の」という意味で，"action"は「行為」という意味であるから，interactionは「間の行為」という意味になり，その意訳が「相互交流」になる。

　したがって患者とセラピストとの「間」に起こることはすべて相互交流であるということになるのだが，この「間」という言葉が曲者である。「間」と言えば普通**実際の空間**のことがイメージされるので，相互交流と言えば患者とセラピストの現実の対人交流（実際に患者／セラピストが言った／行ったこと）のことを指すと理解するのが自然かもしれない。しかし，精神分析の世界ではそれだけではない。実際の空間だけではなく，**想像上の空間**における交流のことも考え，それも相互交流に含まれていると考えるのである。今，セラピストを前に患者の頭に何か批判的な言葉，例えば「先生はいつも同じことばかり言っている」という言葉が浮かんできたとする。その言葉をその患者は実際にセラピストに向かって口に出して言うかもしれないが，口には出さずにこころの中に留めておくかもしれない。この場合，対人交流としての相互交流は，少なくとも言語レベルでは起こっていない。しかし，想像上の空間においては，患者はセラピストを痛烈に批判しているのである。実際，自分が批判的・攻撃的な考えをもってしまったこと自体に多大なる不安を感じる患者は少なくない。

　以上のように，相互交流という言葉には複数の意味が込められている

ということに注意する必要がある．相互交流といっても，それが想像上の空間における相互交流を指している場合，それはこころの中で起こることであり，最初に説明したこころの内部のプロセスにかなり近いものだ．相互交流を考える際に，どの空間で起こっていることを指しているのかを考えるようにするとその意味をよく理解できるだろう．ここでは，想像上の空間における相互交流を**内的相互交流**，そして実際の空間における相互交流を**相互交流プロパー**と呼んで，こころの内部における相互交流のプロセスと区別することにする．

　注意すべきもう一つの点は，今も少し触れたが，こころの内部のプロセスと相互交流のプロセスには重なり合う部分があり，相互排他的なものではないという点である．このことを理解することはとても大切である．こころの内部のプロセスの主たるものは先に挙げた抵抗をめぐるプロセスだが，その一部はしばしば相互交流のプロセスの中に表現される．また，先ほど説明したように相互交流のプロセスの一部は想像上の空間というこころの内部におけるプロセス（内的相互交流）として理解することもできるし，さらに，対人交流としての相互交流（相互交流プロパー）がこころの内部に影響を与えるということも起こる．

　こころの内部のプロセスが相互交流のプロセスの中に現れる様子は，典型的には，転移‐逆転移関係において見ることができる．例えば，今患者が，自分はこころを探究していく力を持っていないのではないかという疑念を自分自身に対して抱くとする．その疑念に耐えられないと，それは，セラピストの力量に関する疑念としてセラピストに投影される．その結果，「力不足のセラピスト」という転移感情が起こる．セラピストはさらに，「力不足のセラピスト」として反応するように有形無形の圧力を患者から受け，その結果実際に自分の力は足りないと感じるに至る．このプロセスは，しばしば投影同一化という概念によって説明されるが，この一連の転移‐逆転移の流れを通して，患者のこころの中のプロセスは現実の対人関係の場に展開されることになる．こころの内部の

プロセスが相互交流のプロセス（相互交流プロパー）に変わったのである。

　転移‐逆転移は，こころの内部に起こっていることを知るための探触子であると同時に，こころの内部に起こっていることを見えにくくする作用も同時に持つことに注意しなければならない。例えば，セラピスト自身が自分の力不足感に過度に苛まされ，それを対人交流の中でなんらかの形で表現してしまい，そしてそれを感知した患者が，力不足に苛まされているセラピストという考えを保持することに多大なエネルギーを費やすならば，患者は自分の無意識的世界の探究の代わりに，目の前に展開されていると思い込んでいるセラピストとの対人交流にこだわり続けるようになる。**転移は抵抗の中でも最強**のものだと言われているのはこのためである。転移とは，自分の無意識に問題があると考えるのではなく，セラピストに問題があると考えることで，無意識的世界を知ることを回避することだからである。

　相互交流プロパーのユニークさは，それが実際の空間において展開するということよりも，それが往々にして**双方向的**であるということにある。転移現象は，患者のこころから発生し，セラピストという対象に向かうものと考えられている。転移というこころの内部プロセスの変容物として相互交流を考えるならば，そこには双方向性はほとんど見られない。患者のこころの内部ですでに決定されているものが実際の空間に投影されていると考えるからである。

　しかし，相互交流プロパーの性質についてよく考えてみると，セラピストの現実のあり方の影響を無視できないことが分かる。セラピストの現実のあり方は，セラピストが好むと好まざるとにかかわらず，実際の空間に表現されてしまっているからである。患者のセラピストへの反応のかなりの部分は，セラピストの現実のあり方に対する反応なのである。

　以上をまとめると次のように言えるだろう。プロセスを扱うこととは，第一に，こころの内部のプロセスを扱うことであり，それは具体的には，

無意識的精神内容に至る道を阻害しているものの分析（多くの場合，それは抵抗の分析の形を取る）のことである。第二にそれは，相互交流のプロセスを扱うことを指す。

四つの精神分析的介入

　精神分析的な介入を，言語的な介入／非言語的な介入と，精神内容に関する介入／プロセスに関する介入とに分けた。すると，ここに表 3 のような分類が出来上がる。

　このように，精神分析的な介入には，①精神内容についての言語的介入，②精神内容についての非言語的介入，③プロセスについての言語的介入，④プロセスについての非言語的介入の四つがある。先ほど，プロセスには二つ種類があることを述べた（こころの内部のプロセス，相互交流のプロセス）。さらに，相互交流には内的相互交流と相互交流プロパーがあることを示した。それらも入れると，この表はさらに細分化されて，表 4 のようになる。

　表 4 に示したように，精神分析的セラピーで扱う対象となり得るものはたくさんあるが，そのうちの一部が他のものを圧倒している。精神分析的セラピーでは，精神内容の解釈（精神内容についての言語的介入に分類される），抵抗の解釈（こころの内部のプロセスについての言語的介入に分類される），そして想像上の空間における相互交流の解釈（内

表 3

	言語的	非言語的
精神内容	精神内容についての言語的介入	精神内容についての非言語的介入
プロセス	プロセスについての言語的介入	プロセスについての非言語的介入

的相互交流についての言語的介入に分類される）の三つが飛び抜けて重要視されるからである。その他のもの（相互交流プロパーについての言語的介入，非言語的介入全般）について論じられることはあまりない。

大まかに言って，精神分析的セラピーにおいては，重要度に関して

精神内容についての言語的介入　≧　こころの内部のプロセスについての言語的介入，内的相互交流についての言語的介入　＞　相互交流プロパーについての言語的介入　＞　非言語的介入全体（＊）

という位置づけがある。いくつかの疑問が浮かぶ。一つは，なぜこのようになったのかという疑問である。そしてもう一つは，それで本当に良いのかという疑問である。

結論を最初に手短に述べておこう。精神分析的セラピーにおける重要性が（＊）のようになったのは，フロイトの理論構築の方法が明確にその方向を指し示していたためである。しかしそのままで良いのかとい

表4

			言語的	非言語的
精神内容			精神内容についての言語的介入	精神内容についての非言語的介入
プロセス	こころの内部のプロセス		こころの内部のプロセスについての言語的介入	こころの内部についての非言語的介入
	相互交流のプロセス	内的相互交流	内的相互交流についての言語的介入	内的相互交流についての非言語的介入
		相互交流プロパー	相互交流プロパーについての言語的介入	相互交流プロパーについての非言語的介入

うと，それは少し疑問だ．私は，相互交流プロパーについての言語的介入，そして非言語的介入全体がもう少し重視されてもよいと考えている．（＊）は，次のように修正される必要があると考えている．

　精神内容についての言語的介入，こころの内部のプロセスについての言語的介入，内的相互交流についての言語的介入，相互交流プロパーについての言語的介入　≧　非言語的介入全体（＊＊）

　私は，従来あまり好ましくないとされていたり，取り上げられていなかったことであっても，自分自身でよく考えてみて良いことだと納得できることであれば新しいことを積極的に取り入れていきたいと考えている方だ．しかしそれでも，精神分析的セラピーにおいては言語的介入がやはり最も重要だと考えている．ただ，その位置づけに関しては，もう少し相対的なものとなってよいのではないかと考えている．その意味で私は，精神分析の世界では革新派と保守派の中間の考え方をしているのかもしれない．

　この辺の議論にはいろいろな意見がある．非言語的介入の方がずっと大切であり，したがってその技術を精神分析的な訓練に十分に取り込むべきだと考えている精神分析家もいる．しかし私は，非言語的なやり取りの情報量が膨大でしかも重要であることを認めつつも，非言語的介入をセラピーの主軸に持ってくることについては慎重に考えている．特に訓練の中での位置づけについてはそうである．そう考える理由はさまざまだが，そのうちの最大のものは，非言語的なやり取りを技術化して伝達することは大変難しく，精神分析的セラピーの訓練体系の中に適切に位置づけることが難しいという理由である．

　それでも，（＊＊）の非言語的介入全体の左側には不等号＞のみならず等号＝も付けておいた．非言語的介入は，扱い方が難しいという意味で言語的介入よりも近づきにくいが，実際には，治療場面ではどんな時

でも起こっていることであり，その影響の及ぶ範囲は相当なものだと考えられるからである。

局所モデル，心的表象論，構造モデル

前節で，精神分析的なさまざまな介入法の重要度が（＊）のようになったのは，フロイトの理論構築の方法によるものだと述べたが，そのことをさらによく理解するために，ここでフロイトの局所モデル，心的表象論，そして構造モデルについて振り返ってみる。

フロイト（1915b）は，無意識は，さまざまな感覚の**記憶の痕跡**から構成される**事物表象**の世界であると考えた。記憶の痕跡という言葉はとっつきにくい言葉であるが，簡単に言えば，何らかのイメージが，例えば自分の幼いときの母親のイメージが，何らかの事情で意識の中にその居場所を見つけられず，無意識の中に留まっているようなものだ。

例を挙げよう。小さい男の子が，母親に性的に刺激されて満足感を覚えるとする。しかし，この記憶は，それを表現する言葉を伴わないために意識化されることなく，記憶の断片のみが残る。そのようにして無意識の世界に残った記憶の断片が記憶の痕跡である。フロイトは，そのような言葉を伴わない表象を，**事物表象**と呼んだ。

このようなモデルによるならば，精神分析によって変化が起こるのは，事物表象が対応する**言語表象**と結びつくことによってである。このような変化の契機が言語による**解釈**である。無意識の世界にわずかに名残を残しているかつての感覚印象に言葉を与えてやることによって，意識化されるだけの勢いがつくのである。「名状しがたい」という表現があるが，解釈とはまさに名状しがたい記憶の痕跡に名前を付ける作業と言えるだろう。このように，精神分析は内容に関する解釈から始まったのであった。

その後，フロイトは構造モデル（第二局所モデルとも呼ばれる）を考

案し，精神分析的議論を深めていった。心が無意識システム，前意識システム，意識システムの三つからなる局所モデルでは不十分だとフロイトが感じ始めたからである。

その理由はさまざまだが，その一つは，フロイトが精神分析を成功させるためには，精神内容の分析に加えて，あるいはそれ以上に抵抗をめぐるプロセスを扱うことが重要であることに気づいたためである。もちろんフロイトは，事物表象に合う言葉を解釈として伝えればそれだけで分析が成功するなどと素朴に信じていたわけではない。分析作業に生じるさまざまな抵抗について早期から気づいていた。しかし，無意識を意識化することに対する抵抗は，臨床現象としては知られていたものの，フロイトの早期の精神装置モデルに直接的に組み込まれるまでには至っていなかったのである。

その後フロイトは，無意識から意識への上昇を拒むものが無意識の世界の中に存在することに気づき，それを新しい精神装置モデルの中で表現した。事物表象に言葉を与えようとしても，無意識的世界の中で速やかに事物表象と言葉の結合を邪魔するプロセスが作動してしまうのだが，それは無意識的防衛の仕業であり，それをフロイトは自我の無意識部分の機能として表現したのだ。

局所モデルから構造モデルへの移行について，フランスの精神分析家グリーン Green, A.（2008）は次のように論じている。局所モデルでは，無意識は主として表象（≒イメージ）で成り立っていた。欲動は，厳密には精神装置のどこにも所属しておらず，表象を介することで（例：攻撃性の欲動が炎となって夢の中に現れる，など）精神装置の中に現れることができた。しかし構造モデルでは，欲動は精神装置内に居場所を見つける。すなわち，欲動はイドに属するものとされたのである。一方，欲動の表現法の一つである表象は，精神装置の場所で言えば自我に属するものとされた。そして防衛などの無意識的操作も同じく自我に属するものとされた。

そうすると、イドの衝動は、無意識的表象に変容 transformation されるか、あるいはさまざまな方法で発散 discharge されるかであるとグリーンは論じる。発散の方法は、行動化、身体化、幻覚などさまざまである注11)。

以上から、表象を主とする精神内容に言葉を与ようとするだけでは精神分析はうまくいかないということが理論的に理解できるだろう。精神分析は、精神内容に言葉を与えることから、表象に至る道を阻害するプロセスについての言語的介入へと焦点を変えていかざるを得なくなったのである。

抵抗の分析

阻害についての言語的介入として真っ先に取り上げなければならないものは、抵抗の分析である。この話題には第9章において自我心理学的な解釈技法を説明する際にすでに触れたため一部繰り返しになるが、大変重要な話題なので別の角度からここでもう一度見ておこう。

抵抗の分析でフェニヘル Fenichel, O. (1941) は、解釈をする際の有名な基本指針を述べている。すなわち、**精神内容の前に抵抗を解釈する**というものである。このことは別の表現もされている。すなわち、**表層から深層へ**というものである。

抵抗は臨床プロセスに関する用語である。一方、防衛は心的装置に関

注11) 事物表象は無意識的表象である。先ほどの局所モデル的説明では、無意識的表象に言葉が付与されると意識的表象になるのだった。したがって、解釈は、構造モデルでは、イドが無意識的表象に一度変容されて、その上でそれに付与されるものということになる。しかし、それはやはり局所モデル的発想を引きずりすぎていると私は思う。イド衝動が無意識的表象に変容されるプロセスに対して解釈が与えられてもよいのであり、実際、ビオンのいうところのアルファ機能やもの想い reverie、ウィニコットのいうところの移行現象の扱いなどは、意識的表象への変容のみならず無意識的表象への変容に関わるプロセスに関するものと考えることができることをグリーンは論じている。このことは後で再び触れる。

わるものであるから,臨床プロセスが関係している必要はない。抵抗は,治療を受けている人にしかみられない（概念化できない）が,防衛は治療を受けていない人にも見られる。人は必ず何らかの防衛機制を用いているものである。

抵抗には防衛ではないものもある。例えば,イドによる反復強迫,超自我由来の治ることへの罪悪感などである。すなわち,抵抗＝防衛ではないのだが,抵抗のうちの多くのものが自我由来の防衛である。ちなみに,もう一つ重要な自我由来の抵抗は転移抵抗である。そして防衛の多くは無意識的であり,したがって抵抗を精神内容の前に扱うということは,多くの場合防衛を精神内容の前に扱うという意味になるわけである。そして防衛は無意識的であるとはいえ,意識にかなり近い部分に位置しているため,表層である防衛から深層である精神内容へ,という順番で分析を進めよとフェニヘルは言っているわけである[注12]。

典型的な例を挙げてみよう。怒りを溜め込んでいる患者がいるとする。その患者に,「あなたは怒っています」というのは,精神内容の解釈である。「あなたは,怒りを表現すると人に嫌われると思っているので,怒りを表現できないのですね」というと,内容に言及し,かつ焦点は表層である防衛にあるわけである。

もっとも,この表層と深層の関係は,とくに境界水準の患者の場合には容易に入れ替わるため,単純にいつも当てはめることができるわけではないことに注意が必要である。

さて,精神内容の前に抵抗を,表層から深層へ,という発想に,プロセスの分析という視点が含まれているのは明らかだろう。内容そのものを解釈するだけでは不十分で,その前に立ちはだかるものに触れてやらなければならないということは,言い換えれば,分析のプロセスを阻害しているものを取り上げなければならないということだからである。

注12) しかし実際には,表層と深層の両方に言及せずにどちらかだけに言及することは困難であることを多くの精神分析家が論じている。例えば,ブレナー（1982）を参照されたい。

抵抗の分析はプロセスの扱いの一番の基本である。しかし，抵抗の分析だけではプロセスの扱いは十分ではない。それでは，それ以外のプロセスの扱いとはどういうものなのだろうか。それを次に見ていくことにする。

プロセスに関する介入の多様性

先ほどの抵抗の分析は，確かにプロセスの分析になるが，実はそれでも，精神内容の解釈的なところがある。なぜならば抵抗の分析とは，衝動そのものに働きかけるものではなく，「衝動の矛先をあなたはこう仕向けています」と伝える程度のものであるからだ。抵抗の分析よりも一層プロセスの分析に近いのは，衝動そのものを扱ってやるようなプロセスである。

先ほど注11)の中で触れたように，グリーンは，ビオンのアルファ機能やもの想いreverie，ウィニコットの移行現象をめぐるやり取りをプロセスの扱いとして挙げているが，それらは衝動の防衛の分析ではなく，衝動そのものを扱ってやるようなプロセスである。ビオンの場合で言えば，衝動はベータ要素と関連しているが，それがアルファ機能によって表象可能なものに変容されるのである[注13]。

抵抗の分析，アルファ機能，移行現象をめぐるやり取りが，「心の中に浮かんでいるAは実はBを意味している」と指摘する類の精神内容の解釈と異質なものであることはお分かりいただけたかと思うが，ここでまた疑問が生じる。すなわち，精神分析においてプロセスを扱う局面は本当にそれだけなのだろうかという疑問である。

ここまで見てきたプロセス的な介入は，確かに精神内容よりもプロセスに関連している。しかしそれでもそこには，より本当らしい精神内容，

注13) ビオンはそれらを夢，夢思考，神話としてまとめ，グリッドのC行に位置付けた。

あるいはより望ましい関係性（単に良い関係性という意味ではなく，より本質的であるという意味で）というものが想定されていて，そしてそこに至ることが何らかの理由で妨げられているという事態に向けて介入がなされるという意味で，依然として精神内容主義が大分残っているように思われるのである。

　私が「相互交流プロパーについての言語的介入」と呼んだものは，これらよりもさらにプロセスそのものに向けられるタイプの介入である。それは，抵抗に向けられる介入でもなければ，衝動がどのように対象に向けられて，それがどのような影響を対象に与え，どのように処理されるか，という意味での相互交流に向けられる介入でもない。それは，それよりもずっと広い，双方向性の相互交流に関係しているものである。

　本章では，精神分析における介入には精神内容に関するものとプロセスに関するものがあること，そして，プロセスに関する扱いにもさまざまな種類があることを論じた。次章では，それではこの「相互交流プロパーについての言語的介入」というものがどのようなものなのかを取り上げる。

第11章 プロセスについての介入

　本章では，前章で積み残した相互交流プロパーについての介入のうち，特に言語的介入について紹介する。精神分析的介入には言語的介入以外に非言語的介入があることを示してきたが，本書では非言語的介入についてはあまり触れていない。前章でも述べたように，その理由は，精神分析における非言語的交流があまりにも複雑であるために，非言語的介入の訓練をすることがとても難しいからであるが，一つだけ述べておきたいことがある。
　非言語的介入に関連して重要なことは，患者はセラピストが想像しているよりもずっとセラピストのことを細かく観察しているものだということを念頭に置いておくことである。人は誰しも，言葉以外の情報を瞬時に把握する能力をある程度備えている。その程度にはもちろん個人差があるのだが，患者はセラピストの表情や姿勢，セラピストが発する言葉にならないさまざまな音，その場の空気などから相当な量の情報を汲み取っているものである。
　精神分析的セラピストにとって大切なのは，患者のそのような能力を過小評価しないことである。セラピストという役割に留まらない自分という人間についての多くの情報が非言語的に患者に伝わっていると想定しておくことが重要であろう。
　非言語的介入というものは，セラピストが意図しているにせよ意図していないにせよ，広汎に行われているものである。例えば，「はい」という言語的介入一つ取り上げてみても，「はい」という言葉と同時に必

ず何かが非言語的に伝えられている(セラピストの表情,姿勢など)。

　しかしそれらを習得し切るのは大変困難であるからこそ,ここでは非言語的成分が抱きかかえになっていると理解しつつも,介入の言語的側面に集中することにする。非言語的成分が重要ではないと考えてのことではないということをご理解いただきたい。

ある日の臨床場面から

　精神分析的セラピーでのプロセス的介入について論じるために,最初に,一つヴィネットを挙げる。

　　女性患者Aは,母親と密着傾向にある一方で,父親とは疎遠なまま育った。Aは私に強く依存したい気持ちを持っているようであったが,一方,私に近づきすぎるのを怖がっているようでもあった。
　　私との精神分析的セラピーを始めてしばらく経った頃の一場面である。その頃,Aは私の解釈をことごとく否定することに熱心だった。何を言っても,「それは違います」などとAが即座に反論するということが繰り返されていた。しかしそこには不思議と友好的な雰囲気が漂っていた。私の言うことへの反論という形を取ってはいたが,それは,近すぎない距離を保ちつつ,私と親密な関係を持とうというAなりの努力であるようだった。
　　ある日の面接のことである。Aは,最近ある知り合いの男性が自分ともっと話したがっているようなのだが,その男性が自分勝手な人であるように思われて,どう反応してよいか分からないので教えて欲しいと私に聞いてきた。「自分はなぜ相手に誤解されるのだろう」とAは続けて言った。この「誤解」が何を意味しているのか,最初あまりよく分からなかったが,話を聞いていくと,それはどうも,Aが特に男性に対してきつい性格の持ち主だと思われてしまう

こと，そしてそれにもかかわらずAが男性に近づきたいとも感じているようと思われてしまうことを指しているようだった。Aの恐れていた「誤解」は，Aの男性へのアンビバレンスを表していたのである。

　私は何を言ったものか返答に困った。何か言えば，どうせAは「それは違う」と否定してくるに決まっていると私には思われたからである。私は，自分自身の情緒状態について思いを巡らせた。するとそれは，やはり不快なものではなく，何か好ましい感じだった。私は，その情緒状態に留意しながら，ここでのAとのやり取りは，やり取りをしていること自体に意義があるようだと直感的に思った。

　私はAに，「私の考えを言ってもしょうがないでしょう，私の話をいつも否定するばかりだから」と言った。それはAのリクエストに応えず，逆にAに対する批判の意味を含んでいたが，それを言っている私の中にはAに対する好ましい感じが引き続きあることに私は留意していた。その上で私は，「それでもどうしてもというならば私の意見を言いますが」と言った。Aは是非聞きたいと言った。私は続けて，「それは，Aさんが自分をわざと誤解されるように提示するからです」と言った。Aは「なるほど」と頷いた。私はさらに「Aさんは人に警戒心を持っているんです。私との間でもそうでしょう」と続けた。

　Aは私の話を穏やかに聞いていたが，やがて，座っていたソファの背中のところのクッションを触り出した。そしてついに，「中に何が入っているのでしょう」と言いながら，チャックを開けて中を見ようとした。

　咄嗟のことで，これには私は驚いた。そして，「それは私のクッションだからそのままにしておいてください」と言った。その時私の中には，「これは単にクッションのことではない。まるでじゃれ合っているようだ」という考えが浮かんでいた。そして同時に，次

に言うべき解釈も頭の中に浮かんでいた。私は，それをAに言ってみることにした。私は，「Aさんがクッションの中身を開けようとするのは，私がAさんの心の中を覗き見ようとしていることに反応してのことなのでしょうね」と言った。するとAは，「何言ってるんですか，そんなわけないでしょう」と言ったが，そのように反論しながらAは笑っていた。私は「そうかもしれませんよ，考えてみてください」と続けた。Aはしばらく考えると，「なるほどね，そういうところ，あるかもしれませんね」と言った。

解釈は関係性そのものである

　Aが父親から距離を置かれていると感じながら育ったという事実は大変重要である。Aは，私の解釈を聞きに面接に来ていたのではなく，私に会いに来ていたのだろう。そこには父親との関係を求める気持ちが再現反復されている。

　Aは自分に男性が近づいてくることに対する嫌悪感を語っていたのだが，同時に男性に近づきたいという気持ちも持っていた。そしてその両者が，私との面接の中でも起こっていたのである。すなわち，Aは私の言うことをことごとく否定して一見難しい患者のように振舞っていたのだが，Aはそうしながらも私に近づこうとしていたのである。私がそこにある種の好ましさを感じていたのはそのような事情のためだったのだろう。しかしAは，知り合いの男性に対してそうであったように，私に「誤解」されるようにあえて振舞ってもいたのだ。私を遠ざけたいAは私の解釈を拒否し続け，一方で，私に近づきたいAもいたのである。しかしその両者の葛藤を含んだ気持ちをうまく表現できずに，Aは私のクッションの中身（私の中身）を覗き見るという行動におよんだのだろう。

　「Aさんがクッションの中身を開けようとするのは，私がAさんの心

の中を覗き見ようとしていることに反応してのことなのでしょうね」という私の解釈について考えてみよう。この解釈を考える上で大切なことは，解釈の内容そのものだけではなく，解釈のなされる文脈に注意を払うことである。

　この解釈は，ある面，ごく一般的な精神分析的解釈である。すなわち，「クッションの中身を開けようとする」ということを「心の中を覗き見ること」と同じであると解釈している。次に，行動主体が私からＡに移っていることを解釈している。私がＡの心の中を覗き見たとＡが感じ，それに反応してＡが私の心の中を覗き見たいと感じ，しかしそれはＡの中ではまだ言葉になっていない気持ちであるために行為としてしか表出できず，それでＡは私のクッションの中身を開けた，という一連の流れを解釈しているのである。

　しかしこの解釈は，解釈であると同時に，**関係性そのもの**でもある。このやり取りは確かに言葉を介してはいるが，言葉によるやり取りの中身そのものよりも，私とＡが，そのような形で関わり合っているということそのこと自体が重要なのだ。

　Ａは男性に近づくことを恐れつつ，同時に男性に近づくことを望んでもいた。それが「誤解」されるもととなっていたのだが，それを知り合いの男性相手にだけではなく私との間でも繰り返していたわけである。しかし，それを言葉だけのやり取りで済ますこともできず，クッションを触ったりしながらのやり取りとなっていた。

　そこには性愛化の要素も感じられる。クッションの中身を開けるという行為は，通常外からは見えないところを開けるという行為であり，親密さを前提とする性的なニュアンスを伴っているからである。

　私の解釈は，Ａのこころの中の世界についての精神分析的理解を伝える一般的な解釈であると同時に，クッションの中身を開けるというＡの行為と同じようなニュアンスを持っていた。なぜなら私の解釈もまた，外からは見えないところを開けるという行為であり，親密さを前提とす

る行為であり，したがってAの行為と同様，性的なニュアンスを伴ったものになっていたからである。

「解釈は関係性そのものである」というのは，そういう意味である。そして大切なのは，この「解釈は関係性そのものである」という事態が，いつどんな解釈をしているときにも，程度の差こそあれ常に起こっていることだと認識することである。

関係性についての理解と解釈の限界

解釈が関係性そのものでもあると認識した上で取り得る方策は，複数存在する。一つ目は，解釈が関係性そのものでもあるということそれ自体を織り込んであるような解釈をすることである。それは先ほどのヴィネットの場合で言えば，「Aさんがクッションの中身を開けようとするのは，私がAさんの心の中を覗き見ようとしていることに反応してのことなのでしょうね。そして今-ここでそんなことをAさんに私が言うことで，Aさんは私とこれまで以上に何か近い関係を持っているとも感じているのでしょうね」という解釈をすることである。どうだろうか。確かに解釈は長々しいものになるが，解釈が関係性そのものであることを何とか織り込めているのではないかと思う。

しかしこのような解釈には欠点がある。Aは関係性についての解釈を織り込んだ私の解釈に対して，再度それをはぐらかすような行為でもって応える可能性がある。すると私は，そのAの再度のはぐらかし行為を解釈に織り込むような解釈を再度することになるが，これは延々と続いていく可能性がある。そして，**この繰り返し自体が関係性そのものになってしまう可能性**があるのだ。すなわちそこには，適切な解釈を真面目に繰り返すセラピストの努力を茶化す患者がいて，その患者に対してさらに真面目に解釈で迫るセラピストがいて，さらにそれを茶化す患者がいる，という状況になるのである。これはこれで，またもや性愛的な

ニュアンスを含む関係性のあり方のようである。アプローチしてもアプローチしても断る女性とそれに何度も食い下がる男性のようにである。

そこでもう一つの方策の必要性が出てくる。それは，解釈が関係性そのものでもあるという事態を解釈で乗り越えることはできないと考え，**関係性そのものに身を委ねる**ようなやり方である。ある関係性のあり方に半ば自覚的に陥りつつ，そこから無理に脱出しようとせず，そのような関係性の中で患者と関わること自体に意味があるのだろうと考えることである。そのようなスタンスを，対人関係学派のレベンソン Levenson, E. A. は「内部から穿つプロセス」という表現を用いて論じている（Levenson, 1972, p. 174）。

なぜ関係性そのものに身を委ねる必要があり，そしてなぜそれが治療的なのだろうか。ここのところはよく考える必要がある。

関係性そのものに身を委ねることが重要だと述べたが，どんな関係性であっても身を委ねればよいと言っているわけではない。とくに重要なのは，**患者が十分に生きることのできていない関係性**に身を委ねることである。

先ほどのヴィネットの場合，Aが十分に生きることのできていない関係性とは何を指すのだろうか。ヴィネットは臨床場面の一部を切り取ったもので，含まれている情報は限られているが，Aの関係性について次のようなことが想像されるだろう。

すなわちAは，他者と，特に異性と親密な関係性に入ることを大変不安に思っていた。そのような不安を感じたときAは，挑発的な態度を取り，結果として相手を辟易とさせる傾向があるようだった。しかしその挑発的な態度は，決して敵対的なものではなかった。親密さを求めており，しかし同時に不安であるだけであった。それは，表現としては，相手の懐に急に飛び込むような感じを持っていた。しかしそれは，侵襲的にすぎると相手に捉えられてしまいそうなものであった。

以上のようなAのあり方の中に私が身を委ねた結果，先ほど挙げた

ヴィネットのようなやり取りになったのかもしれない。

言語的交流か，非言語的交流か

　丁々発止とも言うべき，しかし同時に親密なニュアンスを伴うやり取りが私とAの間で起こった。その中では，クッションの中身を覗くという行為，私の解釈，Aの反論などがごちゃ混ぜになって起こっていた。Aのような大きな行為に及ぶことはなかったが，私もまた，解釈をし続けながらも何らかの非言語的な反応（表情，姿勢などの変化）を示していたことだろう。その総体が，Aが十分に生きることのできていない関係性であり，その中に入り込むことが重要である。

　それでは，伝統的な治療技法，すなわち解釈を続けるという治療技法はもはや大切ではないのだろうか。この点に関しては，さまざまな意見がある。

　一方では，解釈は関係性そのものなのだから非言語的な交流と比べて特権的な意味を持つことはないのであり，解釈はもはや重要ではない，とする意見がある。この意見には確かに一理ある。よく考えてみれば，一理あるどころか，全くその通りだと言いたくなるほどだ。言語的交流よりも非言語的交流の方が，交流の速さも量も質も，ずっと上回っているのかもしれないからだ。

　誰でも，初対面の人に対して瞬時にさまざまな印象を持ち，そしてその印象がどこから来たのか分からないという経験をしたことがあるだろう。言葉を全く交わさなくても，その人からたくさんの非言語的なメッセージが発せられているからである。もちろん，そのメッセージの意味は，メッセージを発する人がどんな人であるかだけではなく，その受け取り手がどんな人であるかによっても影響される。非言語的メッセージは言語的メッセージよりも多義的である傾向があるため，メッセージの意味は**間主観的**に決まるといえる。

しかし，それに対する反論もさまざまに考えられる。言語的交流と非言語的交流とは，そもそも異なる土俵の上のものであり，比較することはできないとも考えられる。言葉は人間存在にとって根源的に重要なものであり，言葉こそが人間という存在を他の生物から分かつものであるという考えもある。

さらに，実際的な問題がある。非言語的交流をすることを目標にしてセラピーをすることは容易なことではない。セラピストは，自分の表情や姿勢，声の調子をイメージしながら，それらが特定の効果を持つように振舞わなければならないわけだが，そのようなことは一体どの程度可能なのだろうか。ある程度は可能だろうが，セラピーにおいて主要な効果をもたらすものとして位置づけるに十分なほどには可能ではない。

非言語的交流が重要ではないと考えるわけではない。それは大変重要なのだが，あまりに御し難い性質を持っているのだ。例えば次のような場面を考えてみよう。ある女性患者は，付き合っている男性からプレゼントをもらったものの，気持ちがこもっていないと感じた，という話をセラピストに報告した。セラピストには，さまざまな気持ちが浮かんできた。患者が可哀そうだと感じる一方，患者に疑いをかけられた男性が気の毒な感じもした。相手からもらうプレゼントに向ける疑いの目はどのような性質のものなのだろうか，それはどこに由来するのか，その他，実にさまざまな考えや気持ちがセラピストの中に浮かんできた。

セラピストの内部に沸き起こるそれらの思考とそれに伴う情緒的反応は，意識しないうちに非言語的に表現されていた。セラピストは，はじめ眉を顰めて少し前のめりになって聴いていたが，ときどき首を傾げ，患者に斜めの視線も向けた。患者が可哀そうだと思う気持ちが浮かぶと，同時に患者はその男性の意図を疑いすぎではないかという気持ちも浮かんできて，それが表現されていたのである。

さらに複雑なことに，セラピストの中には，自分に対してもまた疑いの目が向けられていることだろう，という転移に関する考えが浮かんで

いた。今自分が患者に何か言っても，患者は，男性からのプレゼントに対して疑いの目を向けたのと同じように，その真意を疑うのではないか，とセラピストは感じた。

　そしてそのような思いもまた，非言語的にすでに表現されてしまっていると考えるべきである。そのような状況で，何かを意識的に非言語的に表現しようとすると，その中に作為的な感じが含まれるのを避けられないだろう。そしてそれは，そもそも患者と男性の間に起こっていたことの繰り返しそのものになってしまうことだろう。セラピストからのどんなプレゼントも疑いの目でもって見られるのである。

それでも言葉にしていくしかない

　このような状況においては，セラピストが提供することのできる介入として何が残されているのだろうか。それでも言葉にしていくしかない，というのが私の考えである。非言語的交流がわれわれの想像よりもずっと広く深く行き渡っているとしても，精神分析的セラピーにおいては言語的介入を依然として主役にするしかないのである。

　非言語的交流は自然に起こるものである。それに何かを付け加えようとすると，そこには多少なりとも作為性が付きまとい，結局自然なものではなくなる。するとその作為性もまた非言語的に表現されるようになる。自分を自然のままに表現しようとすることは，ある意味で不自然なことなのだ。自然のままに表現しようとしなくても，自然のままに表現されてしまうものである。自然のままに表現することが苦手な人の場合は，その苦手さもまた自然に表現されていることだろう。夢は決して嘘をつかないというが，同じように非言語的交流もまた，夢ほどの正直さはないかもしれないが，嘘をつかない傾向がある。突き詰めて言えば，意図して非言語的に介入することは厳密には不可能である。非言語的介入を意図する気持ちも，意図しないで自然に振舞おうという気持ちも，

すべてセラピストの意図を超えて即座に表現されてしまうからである。

その中でセラピストができることは，やはり言葉にしていくことなのである。それは，言葉にしていけば万事うまくいくという理由からではない。そうではなく，それくらいしかできないからなのだ。言葉という枠を超えられないのは人間の性（さが）であり，当然その性（さが）の中に精神分析的セラピストもまた囚われているにすぎない。大切なのは，非言語的交流が，質的および量的に自分のコントロールの効かないレベルで作動しているという事実を，セラピストとしてできることが限られているという事実を受け入れた上で，感じたことや考えたことを言葉にしていく努力を重ねていくことだろう。

相互交流プロパーについての言語的介入

結局精神分析的セラピストの仕事は言語的介入であることに変わりはないことを確認した。しかし，もはや言語的介入は特権的なものではない。そして，言語的介入全体の位置づけが変わると，同時に，言語的介入の中身も変わってくる。言語的介入が，特権的なものから，セラピストが一人の人間であるという制限の中で選択せざるを得ないものに変化していることを踏まえると，言語的介入の中に，精神内容についての言語的介入，こころの内部のプロセスについての言語的介入，内的相互交流についての言語的介入に加え，相互交流プロパーについての言語的介入をはばかることなく付けくわえることができるようになる。

相互交流プロパーについての言語的介入は，その他の言語的介入よりもはるかに多様性に満ちたものである。ある特定の精神内容に，あるいはそこに到達するための阻害物に対して向けられる言語的介入の可能性は，多々あるとはいえ，限局されたものである。一方相互交流プロパーは，精神内容が明らかになる前も，明らかになろうとするときも，明らかになった後も，絶え間なく続いているものだ。相互交流プロパーにつ

いての言語的介入の可能性が膨大であることはそのように考えると当然のことと言えるだろう。しかし，多様であると知るだけでは実践上の役にはあまり立たない。そこでいくつかのコツを挙げてみる。

1. 情緒的動きに調律し，その状態から言葉を発すること

　患者の情緒的動きを敏感に察知することは，精神分析的であるかを問わず，すべての類のセラピーに必須であるが，精神分析的セラピーでは特に重要である。情緒的動きの現れ方には，境界性パーソナリティ患者に典型的に見られる「情緒の嵐 affect storm」（Clarkin et al., 2006）の中で表出される怒りのように，それを感知することに何の困難もないようなものもあるが，そのように分かりやすいものばかりではない。表面上冷静に話しているようでもその底流には怒りが渦巻いている，ということがしばしばある。そのようなときには，話されている内容の表面に踊らされず，話が伴っている情緒の質に感じ入ることを優先することが重要である。

　それでは，そのようにして感知した情緒的動きをどのように介入に結び付けていけばよいのだろうか。「怒っているのですね」と，情緒的動きを言葉にする介入が最初に頭に浮かぶ。この類の介入は実際大切な介入であり，精神分析的セラピーには欠かせないものである。

　さらにそれを少し広げたような介入をすることで，相互交流プロパーを言語的に扱うことができるようになるだろう。精神内容を説明しているというニュアンスを減らし，患者の情緒の波に乗るつもりで言葉を発するのである。例えば，怒っている患者を前に，患者と一緒になって怒っている感覚に身を置きつつ，その感覚を言葉にしてみるとよいだろう。そうすると，例えば，「それは腹が立つ！　許せないですね！」などという言葉が浮かんでくるかもしれない。

　このような介入は，情緒に名前を付けることに加えて，患者と波長を合わせること自体をも目的としている。「情動調律 affective attunement」

(Stern, 1985) であるとか，「マーク mark」(Benjamin, 2004) すること は，必ずしも言葉を介する必要はないのだが，言葉を用いつつそうしよ うと思うと，このような介入になるだろう。この類の介入を入れること で，精神分析的面接はずっと生き生きとしたものになるだろう。

2. 患者の対象になりきってしまうことを許容すること

　現代の精神分析では，患者の内的世界はセラピストを巻き込んで面接室内に現実として展開すると考えられている（Sandler, 1976）。そのような事態が起こってこそ，セラピストが患者の内的世界を真の意味で垣間見ることができるからである。

　ここで一つ，考えなければならないことがある。それは，セラピストは面接室内に展開された患者の内的世界を一体どこから見ているのか，ということである。現代の精神分析家は，学派を問わず，少なくともセラピストの自己の一部に関して，患者の世界にすっかり入り込み，患者の対象になりきってしまうことをある程度許容する必要があると考えている。単に冷静に情景を眺めている観察者としてではなく，情景の中の参加者の気持ちと同一化している部分がセラピストには必要だと考えるのである。

　それだけでもかなりプロセス的な介入になる。もちろん技法的には，情景の参加者の気持ちと同一化した自分の部分を考慮した解釈をすることが必要である。例えばあるセラピストは，サディスティックな虐待者とその被虐待者という内的世界を生きている患者に面接室の中で酷く罵られ，自分の精神分析的訓練が無残に無価値化されたと感じた。セラピストは酷く惨めな気持ちの中に陥り，しかし，かつて虐待の対象だった患者の被虐待者としての気持ちがそれまでよりも実感を伴って感じられるようになった。その上でセラピストは，「今 - ここであなたと会っている私は，セラピストとして全くあなたの役に立たず，あなたにとって何の価値もない存在だとあなたは感じているのでしょう」と解釈するこ

とができるだろう。

　これで十分かもしれない。しかしここで，関係性のあり方そのものが治療的な作用を持つという考え方を思い出してみよう。そう考えると，セラピストは被虐待者の役割にさらに深く沈潜していくことが必要だとも考えられる。

　すなわち，患者の対象になりきってしまうことを，「ある程度」以上に，「思い切って」自分に許容してみること，そしてその上で，何かを言葉にしてみるくらいしかできないと心得つつその状況を言葉にしてみるのである。すると，「私は駄目セラピストで，もうできることは何も残されていない」という介入や，「これからどうしたらよいのでしょう。今あなたの前にいるのは，あなたに価値のあることを何一つできないセラピストで」といった言語的介入が浮かんでくる。これらは，解釈というよりも，一見ただ普通に反応しているかのような言葉である。しかしそうすることによって，セラピストの介入の自由度はずっと高まると共に，患者の世界にずっと深く入り込むことができるようになるだろう。

3. 古い対象として，そして同時に新しい対象として話すことを意識すること

　今最後に挙げたような介入は，精神分析的セラピーをある程度学んだ方にとっては，推奨されるどころか，禁じられるべき介入のように聞こえるかもしれない。その感覚は十分に理解できるものである。なぜならば，患者の内的世界に単に巻き込まれてしまっているかのように聞こえるからである。

　しかしここが大切なのだが，患者の内的世界に単に巻き込まれてしまうだけではもちろんうまくいかない。それだけではない「何か」が必要なのである。それは一体何なのだろうか。

　最も古くからの精神分析の目標は，精神内容に関する洞察である。しかし，プロセス的な介入の目標は，その中でも特に相互交流プロパーについての介入の目標は，そのような洞察ではない。その「何か」は一般

的に決めることはできず，ある特定の患者とある特定のセラピストという対のあり方によって自然と決まってくることである。

　ただ，一般的に決めることはできないと言っても，ガイドラインのようなものはある。それは，古いものと新しいものが混ざっていることが重要らしい，ということである。患者の古い世界の要素がセラピストとの間に展開される必要があり，同時に，セラピストの間で患者が何か新しい体験をすることが大切である。セラピストの立場からは，古い対象として，そして同時に新しい対象として話すことを意識することになる。

　具体的には，先ほどの例で言えば，「私は駄目セラピストで，もうできることは何も残されていない」と言葉にしている際のセラピストのこころの持ちようが新しい対象であることの用件となる。すなわち，「私は駄目セラピストで，もうできることは何も残されていない」と言っているときに，セラピストが自己非難に苛まれてやけっぱちになっているのでは，古い対象になりきっただけになる。しかし，同じ言葉を発しながらも，これから二人の間にそれでも何かが起こるだろうとセラピストが感じているとき，セラピストは新しい対象として振る舞っている。実際は，そもそも今の状況を言葉にできた段階で，セラピストはすでに新しい対象になりつつあったと言えるだろう。

　新しい対象の性質の可能性はさまざまだが，多くの場合，何らかの「良さ」と関係がある。それは，真正さ authenticity，コンテイニングの能力，共感の提示，より高次の自我機能などと関係しているが，そのうちのどれなのかは，全く個別に決まってくることである。場合によっては，大胆さなどのように，一般的には良いとも悪いとも分類し難いものが，新しい対象を特性づけるものであるかもしれない。

　関連することだが，新しい対象として話すだけでうまく行くことはないことを理解することも重要なことである。セラピストによっては，患者が欲するままに患者の言う通りに振る舞おうとすることがある。例えば，料金の支払いやスケジュールなどについて，患者の言う通りにす

ることが「優しい」ことだと考えて、柔軟に振る舞おうとしたりする。そのような方法は、一時的な効果はもたらしても、長期的にはうまく行かないことがほとんどである。そのように振る舞おうとするセラピストは、往々にして、患者にとって新しい対象として振る舞おうとしているのだが、そうすることで古い対象の問題をバイパスできるかのような錯覚に陥っているのである。新しい「優しい」対象として振る舞いたくなる気持ちが高まりすぎる場合、セラピストは万能的な両親を演じようとしている可能性がある。患者が必要としているのは万能のセラピストではなく、ごく普通の、しかし良心的なセラピストであることを忘れてはならない。

エナクトメントについて

エナクトメントという概念が最近注目されている。これは、「当人が必ずしも意識できないような個人的動機が、行動により表現されること」(Renik, 1999) である。岡野 (2002) は、ここでいう「行動」は多くの場合治療者の行動の意味であって、その中には、言葉、仕草、沈黙、空想あるいは思考などが含まれ、その意味ではエナクトメントは「逆転移の行動化」に近いとしている。遡って、最初にこの概念を導入したのは、ジェイコブズ Jacobs, T. J. であるとされている。ジェイコブズ (1986) は、通常の分析技法の範囲に十分収まる範囲内で現れるような逆転移、すなわち明らかな逆転移ではなく隠された逆転移こそが問題であると論じた。ジェイコブズは、さらにサンドラー Sandler, J. (1976) の「自由に漂う応答性 free-floating responsiveness」もまた逆転移に絡み取られていることを指摘している。すなわち、「自由に漂う応答性」は患者から分析家への非言語的メッセージおよびそれへの分析家の応答の手がかりとしての役割を果たしつつも、それでもなお分析家由来の逆転移要素を含んでいる可能性があるというのだ。

このように，ジェイコブズは，分析家が知らず知らずのうちに，一見正常と思われる分析技法を用いているかのように見えているまさにその時に，実は分析家自身の逆転移的要素をエナクトしてしまっている可能性を指摘している。分析家は，そのようなブラインドスポットの存在にいつも気をつけていなければならない。

このように，エナクトメント論は，最初は分析家が見落としがちな，逆転移に関連する問題や要素，という意味で始まった。そうであれば，エナクトメントを扱うことは，相互交流のプロセスを扱うことには必ずしもつながらない。すなわち，精神内容の解釈と防衛の解釈で対応可能なはずである。

エナクトメントは，しかしその後，関係学派の精神分析家たちによって，治療上特異な意味を持つ契機という位置づけを与えられるに至った。エナクトメントはセラピストのこころのあり方と密接に関係している。治療的な変化が起こるためには，単に患者のこころについて何かを指摘してやればよいというものではなく，セラピストが自分自身のこころをこれまでにない形で用いることが必要なのだが，エナクトメントはそのための特異な入り口となる可能性を秘めている，と彼らは論じる。

ブロンバーグ Bromberg, P. M.（2011）は，エナクトメントとは，「二者的な解離的現象」である，と述べている。エナクトメントは解離を通して分析家と患者が繋がり合う二者的な出来事だ，ということである。分析家の仕事は，もはや，精神内容の解釈や防衛の解釈だけではない。ブロンバーグが示唆しているのは，分析家の仕事に，新たに，患者の中の「私ではない私 not-me」という体験に分析家との間で共有された現象としての意味を与えるという仕事が加わった，ということである。

そのプロセスはどのようにして始まるのだろうか。ブロンバーグは，それは，患者の解離されたこころに対応する分析家の内的世界の解離された情緒的体験を通して，今 - ここでの状況に「私ではない not-me」ものが入り込むことで始まる，と論じている。それは，患者の側で先に

起こっても良いし，分析家の側で先に起こっても良いことである。大切なのは，それが患者のみならず分析家のパーソナルな内的世界と大いに関連していることである。すると，次のような事態が生じる。すなわち，分析家の主体性の感覚が，根本的に影響を受けてしまうということである。そのようなときに，その根本的に影響を受けている主体性によって分析家が解釈をするということは，エナクトメントから抜け出す方向に向かわず，むしろ，エナクトメントそのものになるのみである。

したがって，そのようにして始まるプロセスを扱うためには，患者のこころの内容を解釈してやることでは不十分で，患者と分析家の出会いが必要だとブロンバーグは論じる。そのような技法は，従来の内容の解釈とは大きく異なるものである。

本章では，プロセスについての介入という説明しがたいものを説明してみるということを試みた。本章の内容は精神分析的セラピーの方法の発展編であり，すぐに取り入れなければならないようなものではない。「こういう議論もあるのか」と参考にしていただき，第8章や第9章の基本を中心に学んでいただければと思う。

これで本書は終わりである。難しいこともいろいろ書いたが，細かいことにはあまりこだわらず，実践経験を積んでいくことが一番大切だと思う。精神分析的な実践の奥深さに，より多くの方に触れていただければ幸いである。

文　献

吾妻壮（2016）：精神分析における関係性理論．誠信書房，東京．
Alexander, F. and French, T. M.（1946）：Psychoanalytic Therapy: Principles and Application. Ronald Press, New York.
Bass, A.（2000）：Difference and Disavowal: The Trauma of Eros. Stanford University Press, California.
Benjamin, J.（2004）：Beyond doer and done-to: An intersubjective view of thirdness. Psychoanalytic Quarterly, 73, 5–46.
Bion, W. R.（1962）：Learning from Experience. In: The Complete Works of W. R. Bion, Vol IV. Karnac Books, London.
Brenner, C.（1982）：The Mind in Conflict. International Universities Press, New York.
Bromberg, P. M.（2006）：Awakening the Dreamer: Clinical Journeys. The Analytic Press, New Jersey.
Bromberg, P. M.（2011）：The Shadow of the Tsunami: And the Growth of the Relational Mind. Routledge, New York and Hove. 吾妻壮，岸本寛史，山愛美訳（2014）：関係する心──外傷，癒し，成長の交わるところ．誠信書房，東京．
Clarkin, J. F., Yeomans, F. E. and Kernberg, O. F.（2006）：Psychotherapy for Borderline Personality: Focusing on Object Relations. American Psychiatric Publishing, Washington, D.C..
Fenichel, O.（1941）：Problems of Psychoanalytic Technique. Psychoanalytic Quarterly Press, New York. 安岡誉訳（1988）：精神分析技法の基本問題．金剛出版，東京．
Freud, S.（1895）：Project for a scientific psychology. The Standard Edition of the Complete Psychological Works of Sigmund Freud, Volume I.
Freud, S.（1899）：Screen memories. The Standard Edition of the Complete Psychological Works of Sigmund Freud, Volume III.
Freud, S.（1915a）：Instincts and their vicissitudes. The Standard Edition of the Complete Psychological Works of Sigmund Freud, Volume XIV.
Freud, S.（1915b）：The Unconscious. The Standard Edition of the Complete Psychological Works of Sigmund Freud, Volume XIV.
Freud, S.（1917）：Introductory Lectures on Psycho-Analysis. The Standard Edition

of the Complete Psychological Works of Sigmund Freud, Volume XVI

Freud, S. (1920): Beyond the pleasure principle. The Standard Edition of the Complete Psychological Works of Sigmund Freud, Volume XVIII.

Green, A. (2008): Freud's concept of temporality: Differences with current ideas, International Journal of Psycho-Analysis..

Greenson, R. R. (1967): The Technique and Practice of Psychoanalysis. Vol. 1. International Universities Press, New York.

Hartmann, H. (1939): Ego Psychology and the Problem of Adaptation. International Universities Press, New York.

Jacobs, T. (1986): On countertransference enactments. Journal of the American Psychoanalytic Association, 34, 289–307.

Kernberg, O. F. (1999): Psychoanalysis, psychoanalytic psychotherapy and supportive psychotherapy. International Journal of Psycho-Analysis, 80(6), 1075–1091.

Kohut, H. (1977): The Restoration of the Self. International Universities Press, New York.

Levenson, E. A. (1972): The Fallacy of Understanding. Basic Books, New York.

McWilliams, N. (1994): Psychoanalytic Diagnosis: Understanding Personality Structure in the Clinical Process. Guilford Press, New York. 成田善弘監訳 (2005):パーソナリティ障害の診断と治療. 創元社, 大阪.

Menninger, K. (1958): Theory of Psychoanalytic Technique. Basic Books, New York. 小此木啓吾, 岩崎徹也訳 (1969):精神分析技法論. 岩崎学術出版社, 東京.

Milrod, B. L. (1997): Manual of Panic-Focused Psychodynamic Psychotherapy. American Psychiatric Publishing, Washington, D. C.

Mitchell, S. A. (1988): Relational Concepts in Psychoanalysis: An Integration. Massachusetts: Harvard University Press. 鑪幹八郎監訳, 横井公一訳 (1998):精神分析と関係概念. ミネルヴァ書房, 京都.

岡野憲一郎 (2002):エナクトメント. In:小此木啓吾編集代表:精神分析事典. 岩崎学術出版社, 東京.

岡野憲一郎 (2008):治療的柔構造. 岩崎学術出版社, 東京.

小此木啓吾編集代表 (2002):精神分析事典. 岩崎学術出版社, 東京.

Parsons, M. (2007): Raiding the inarticulate: The internal analytic setting and listening beyond countertransference. International Journal of Psycho-Analysis, 88, 1441–56.

Renik, O. (1999): In: Chused et al. (1999): Four aspects of the enactment concept: Definitions, therapeutic effects, dangers, history. Journal of Clinical Psychoanalysis, 8(1), 9–61.

Sandler, J. (1976): Countertransference and role-responsiveness. International

Review of Psycho-Analysis, 3, 43–47.
Stern, D. N. (1985): The Interpersonal World of the Infant. Basic Books, New York.
Sugarman, A, Nemiroff, R. A., Greenson, D. P. (eds.) (1992): The Technique and Practice of Psychoanalysis, Vol .2: A Memorial Volume to Ralph R. Greenson. International Universities Press, Connecticut.
Winston, A., Rosenthal, R. N., and Pinsker, H. (2004): Core Competencies in Psychotherapy. Introduction to Supportive Psychotherapy. American Psychiatric Publishing, Arlington.

あとがき

　精神分析臨床の考え方や技術は，訓練と研鑽の場において，そして日々の実践の場において，助言をいただいたり意見を交わし合ったりする中で自然と身についてくるものである。精神分析臨床においては，書物と同様に，あるいはそれ以上に口承の果たす役割が大きい。私も，米国時代そして帰国後，多くの先生方に助けられながら精神分析臨床について多くのことを学んできた。その中には，誰から教わったのか明確に覚えていることも少なくないが，誰から教わったのかもはやよく覚えていないこともある。本書の中で述べたことの中には自分で考え付いたことも少なくないが，ほとんどのことは，多くの先生方からそのようにして吸収させていただいたものであり，いわばその先生方の考えである。自分で考え付いたと思っていることでも，元を辿れば先生方からいただいた考えかもしれない。お世話になったたくさんの先生方のお顔が浮かびつつも一人ひとりのお名前を全て挙げることはここではできないが，その中でも特に，私の米国での訓練の道を開いて下さり，最初のスーパーバイザーでもあった故竹友安彦先生に，そして，米国時代から，また私の帰国後も終始励まして下さった故丸田俊彦先生に，この場を借りてこころより御礼申し上げたい。私を導き，支えて下さった他の多くの先生方にも深く御礼申し上げたい。

　私の単著はこれで二冊目であるが，書き下ろしの著作は今回が初めてである。私の米国での精神医学と精神分析の訓練の経験を踏まえて，何か入門的な本を書きたいと思ったのは大分前のことである。書き始める前は，書きたいことはいくらでもあるように感じていたが，いざ書き出してみるとなかなか筆が進まずに苦労した。振り返るに，なるべく包括

的な本を書きたいという気持ちがどこかにあったために，書きたいことというよりも書かなければならないことだけがどんどん頭にちらつくようになってしまったためだったのだろう。この点については書かなければならないという義務感に圧倒されてしまうこともあったが，義務感に駆られて書くのはあまり良いことではないかもしれない。精神分析的アプローチという大きなテーマの全体をカバーするような本を書くことなど今の自分にはとてもできそうもないという当たり前のことに遅ればせながら気づき出した頃より，書きたいことを中心に書けるようになり，筆も進むようになっていった。そして出来上がったのが本書である。

　そのような経緯から，細かいことには拘りすぎずに書いていったのだが，その結果，所々細かい議論を十分にしきれていないところがある。厳密に考えると赫々然々の議論反論があり得るのだが，と思われるところでも，あまり議論を拡大せず，あえて簡潔に書いた。それはその方が分かりやすく，臨床場面で使いやすいだろうとの思いからであって，いい加減なことを書こうと開き直ってのことではないため，ご寛恕いただきたい。

　項目の選択にあたっては，教科書的に重要であると思われることよりも，実践的に気づきにくいこと，うっかりしやすいこと，うやむやになってしまいがちなことを中心に書くようにした。したがって本書は，セラピーの教科書というよりも，臨床にあたってのヒント集のようなものである。精神分析的セラピーの臨床の場は，机上の議論とは異なり，理路整然と呼べるにはほど遠い錯綜と混乱に満ち溢れている。ひとつの明快な答えが待ち構えているという問いはほとんど存在しない。ケースバイケースという言葉がこれほど本質的によくあてはまる場もないかもしれない。したがって読者諸兄には，私が断言的に書いたことでも，自分でもう一度考え，自分なりの判断をしていただくというプロセスを踏んでいただければと思う。何よりも，一人ひとりのセラピストが，自分自身の固有の臨床スタイルを納得のいくまで考え抜いて立ち上げていくこ

とが重要だと思う。

　本書の企画にあたっては，岩崎学術出版社の長谷川純さんに終始お世話になった。企画から構成に至るまで，大変有益な示唆をいただき，そしてなかなか筆の進まない私を終始励まして下さった。長谷川さんが辛抱強く待って下さらなかったら本書が日の目を見ることもなかっただろう。こころより感謝申し上げたい。家族には，本書の執筆にあたって負担をかけた。いつも暖かく見守ってくれた家族に感謝したい。最後に，装丁の作成にあたっては父篤に助けてもらった。父に，そして父をいつも側で支えている母に，感謝したい。

　2018年初秋　西宮にて

吾妻　壮

索　引

あ行

愛他主義　36
浅い解釈　164
アセスメント面接　63
新しい対象　207
アルコール　72, 119
　　——嗜癖　99
アルファ機能　190, 192
アレキサンダー Alexander, F.　147
移行現象　190, 192
意識　34, 138, 142, 164, 180, 181
イド分析　164
今‐ここ　161, 170
陰性転移　160
隠蔽記憶 screen memory　108, 111
ウィニコット Winnicott, D. W.　190, 192
ウィンストン Winston, A.　36, 138, 140, 142
嘘　121, 136
英国独立学派　105
エディプス期　108, 109
エディプス・コンプレックス　109
エディプス状況　64, 108
エナクトメント　177, 209, 210
お金　116
置き換え　154

か行

カーンバーグ Kernberg, O. F.　36, 170

開業
　　——セラピー・オフィス　7
外構造化されたセラピー　46, 47, 49, 59, 80, 81
解釈　138, 142, 146, 147, 171, 176, 188, 198
　　——技法　146, 155
　　狭い意味での——　177
　　広い意味での——　176, 177
外傷　107
外的現実　102
外的構造　20, 46, 81
外的世界　102
外的適応　103
解離　210
カウチ　13, 23, 26, 127
　　——を用いるデメリット　24
　　——を用いるメリット　23
葛藤のない領域　96, 98
関係学派　105, 210
関係性　25, 73, 105, 147, 193, 197, 198
　　——の質　148
　　周辺の——　107
　　反対の——　107
関係性理論　105, 106
間主観的　201
完全な解釈　168
願望　37, 117, 132
記憶の痕跡　188
希死念慮　13
逆転移　209
キャンセル

――料　82
教育　138, 140
境界水準　12, 83, 99, 151, 157
境界性パーソナリティ　24
局所モデル　188, 189
去勢不安　164
具象的な患者　83
空間
　　実際の――　182
　　想像上の――　182
空想　106, 116
クライン派　105, 163, 166, 170, 171
グリーン Green, A.　189, 192
グリーンソン Greenson, R. R.　163
グリッド　192
グループ・スーパーヴィジョン　60
グレイ Gray, P.　96
計画　64
　　――力　73
経験　25
経済論的観点　118, 150, 167
言語的介入　177, 178, 194
言語的交流　201
言語表象　188
現実　25
現実検討　13, 36, 96
　　――能力　98, 99
原始的超自我　94
原始的防衛機制　96, 97
コフート Kohut, H.　147
攻撃性　37, 64, 88, 163, 164
　　――派生物　90
構造化　18, 81
　　――の外的側面　20, 46, 80
　　――の内的側面　20, 30, 32, 46, 80, 81
　　――されたセラピー　47, 80
構造モデル　95, 188, 189
構造論的観点　166

合理化　138, 139
コーピング　140
こころの内部のプロセス　180
個別性　132, 133
コミュニケーション
　　率直な――　136
　　――のモード　177, 178
コンテイニング　208

さ行

再構築　113
サイコセラピー　3
最早期記憶　108, 109
再保証　138, 139
三点支持の原則　58
サンドラー Sandler, J.　206, 209
ジェイコブス Jacobs, T. J.　209
自我
　　――機能　13, 36, 72, 73, 95, 96
自我心理学　86, 96, 105, 163
　　――的対象関係論　170
　　――派　37
　　古典的――　162
自我分析　165
自我理想　93
時間　27, 50
自己
　　――イメージ　71, 171
自己愛性パーソナリティ　24
　　――障害　121, 122
自己効力感　36
自己心理学　147
自己表象　171, 172
自殺行為　56
支持的　136, 137
　　――技法　137, 138, 142, 143
　　――要素　18, 35, 36, 38
自傷行為　13, 53, 56, 101, 123
自尊心　36

索引 223

疾病利得　123
死の本能　89
事物表象　188
修正感情体験　147
自由連想法　13, 130, 131
主訴　87
情緒　52, 75, 149, 167, 171, 173, 205
　　──的高まり　150
　　──の嵐　205
衝動　36, 37
　　──コントロール　72, 96, 98, 101
　　──制御　13
情動　37
　　──調節　36
　　──調律　205
衝動派生物
　　適応的──　36
助言　14, 36, 138, 140
神経症　53
　　──的防衛機制　96, 97
神経症水準　12, 54, 81, 99, 157
真正さ　208
深層　171
身体　120
身体疾患　73, 120
心的外傷　119
心的表象論　188
心理学的心性　74
心理テスト　7, 76
心理療法　3
スーパーヴァイザー　58
スーパーヴィジョン　58, 59
　　グループ・──　59
スキゾイドパーソナリティ　24
スプリッティング　155
性　114
成熟した防衛機制　96, 97
精神科
　　──の通常の外来　6

精神装置　189
精神内容　165
　　──に関する介入　177, 179
精神病水準　24, 99, 157
精神分析　5, 6, 11
　　──的理解にもとづく支持的セラ
　　　ピー　5, 8, 14, 41
　　──プロセス　175
精神分析的アプローチ　10
精神分析的技法　143
精神分析的セラピー　5, 6, 12
精神療法　3
性的虐待　72, 141
性的欲求　105
生物学的精神医学　v
狭い意味での超自我　93
セラピー・オフィス　7
前意識　164
羨望　122
相互交流　182
　　──のプロセス　181
　　──プロパー　183, 184, 194, 204
操作　133
　　あからさまな──　134
　　隠微な──　134
卒後医学教育認可評議会　iv
卒後訓練　iv

た行

退行　24, 40, 56, 131
　　──促進的　13, 23
対象　105
　　──のイメージ　171
対象関係ユニット　173
対象関係論　170
　　──的自我心理学　170
　　米国──　162, 170
対象表象　171, 172
対人関係　106, 183

対人関係学派　105, 200
対面法　127
他害行為　101, 123
他者　81, 120
　　──イメージ　71
脱価値化　122
知覚　25, 96
知的洞察　146, 147
知的能力　73
知能　73
超自我　64, 93
　　──機能　73, 95
　　──前駆体　94
　　──病理　121
直面化　138, 142, 176
抵抗　160, 165, 181, 184
定式化　64
適応　13, 53, 69, 102
　　──状況　102, 103
　　──的スキル　36
転移　12
　　──解釈　17, 160
　　──外状況　168
　　──・逆転移　184
　　──抵抗　191
同一化　64, 206
投影同一化　155, 183
投影法　76
統合機能　36
統合失調症　99
洞察の三角形　168
トライアル解釈　74
トラウマ　25, 107
取り入れ　155

な行

内的相互交流　183
内的対象関係　106
内的分析設定　30

濃淡の原則　86, 87

は行

パーソンズ Parsons, M.　30
バウム・テスト　76
迫害的超自我　94
励まし　14, 36
場所　20
バス Bass, A.　83
発散　190
発生論的解釈　161
発生論的観点　170
発達の片寄せ　110
発達歴　113
パニック障害　14, 16
パニック発作　57
パラノイド傾向　25, 100
ハルトマン Hartmann, H.　96, 98
反社会性　121
　　──パーソナリティ障害　121, 122
判断力　73
万能感　122
反復強迫　191
ビオン Bion, W. R.　190, 192
非言語的介入　177, 178, 194
非言語的交流　201, 202, 203
表象　189
表層　171
　　──から深層へ　164, 190
頻度　11, 13, 27, 29
不安　138, 141
ファンタジー　106
フェニヘル Fenichel, O.　162, 190, 191
フォーミュレーション　64
深い解釈　164
普通のセラピー　47
プラン　64
古い対象　207

プレエディプス期　109
プレナー Brenner, C.　37, 89, 96, 191
フロイト Freud, S.　iii, vi, 48, 57, 89, 95, 105, 110, 118, 161, 186, 188, 189
プロセスに関する介入　177, 180
ブロンバーグ Bromberg, P. M.　210
糞便　118
米国対象関係論　170
ベータ要素　192
変容　190
防衛　36, 64
　──分析　165
　──されているもの　97
　適応的──　36
防衛機制　72, 73, 95, 96, 155
法的トラブル　73
暴力　101, 123
誉めること　138, 139
ホワイトノイズ　22
翻訳　152

ま行

マーク　206
まだらな超自我機能　94
ミッチェル Mitchell, S. A.　110
無意識　9, 12, 33, 76, 131, 142, 164, 180, 181
　──の探究　18, 33, 38, 39
明確化　138, 142, 176
メタ心理学　162
メニンガー Menninger, K.　162, 168
網羅性　72, 86
　──の原則　86, 87, 95
もの想い　190, 192
物語的真実　114

や行

薬物嗜癖　99
薬物療法　15
勇気づけ　138, 139
ユーモア　36
夢　131
夢分析　131, 132
陽性転移　161
予期的ガイダンス　138, 141
欲動 drive　37, 72, 88, 163, 189
欲動派生物　88, 90, 91, 163, 164
　適応的──　37

ら・わ行

力動論的観点　166
リストカット　124
理想化　122
リビドー　64, 88, 105, 118, 163, 164
リビドー派生物　90
リフレーミング　138, 139
歴史的真実　114
レジデンシー
　──・トレーニング　vi
　──・プログラム　iv, v
レベンソン Levenson, E. A.　200
ロールシャッハ・テスト　76
ワークスルー　17, 34, 35, 57
私ではない私　210

アルファベット

ACGME（卒後医学教育認可評議会）　iv
DSM　iv

著者略歴

吾妻壮（あがつま　そう）
1970年　宮城県生まれ
1989年　宮城県仙台第二高等学校卒業
同　年　東京大学理科一類入学
1994年　東京大学文学部第三類ドイツ語ドイツ文学専修課程卒業
1998年　大阪大学医学部医学科卒業
2000〜2009年　米国アルバート・アインシュタイン医科大学，コロンビア大学精神分析センター，ウィリアム・アランソン・ホワイト研究所留学
　　　　　国際精神分析協会正会員，日本精神分析協会正会員・訓練分析家
現　職　上智大学総合人間科学部教授，個人開業
著訳書　関係精神分析入門，臨床場面での自己開示と倫理（以上共著，岩崎学術出版社），精神分析における関係性理論（誠信書房），精神分析の諸相（金剛出版），リア＝開かれた心（共訳，里文社），ビービー他＝乳児研究から大人の精神療法へ（共訳，岩崎学術出版社），ブロンバーグ＝関係するこころ（共訳，誠信書房）

精神分析的アプローチの理解と実践
―アセスメントから介入の技術まで―
ISBN978-4-7533-1146-0

著　者
吾妻　壮

2018年11月4日　第1刷発行
2023年2月1日　第2刷発行

印刷　（株）新協　／　製本　（株）若林製本工場

発行所　（株）岩崎学術出版社　〒101-0062 東京都千代田区神田駿河台3-6-1
発行者　杉田 啓三
電話 03（5577）6817　FAX 03（5577）6837
ⓒ2018　岩崎学術出版社
乱丁・落丁本はおとりかえいたします　検印省略

連続講義 精神分析家の生涯と理論
大阪精神分析セミナー運営委員会編
フロイトをはじめ分析家自身の苦悩の足跡としての精神分析理論を語る

臨床場面での自己開示と倫理──関係精神分析の展開
岡野憲一郎編著　吾妻壮・富樫公一・横井公一著
精神分析の中核にある関係性を各論から考える

精神力動的サイコセラピー入門──日常臨床に活かすテクニック
S・F・アッシャー著　岡野憲一郎監訳　重宗祥子訳
セラピーを技術面中心に解説，初心者に好適

精神力動的精神医学──基本テキスト
G・O・ギャバード著　狩野力八郎監訳　池田暁史訳
米国精神分析の第一人者による実践的テキスト（DVD付き）

精神分析が生まれるところ──間主観性理論が導く出会いの原点
富樫公一著
精神分析の「倫理的転回」とは何か

解離新時代──脳科学，愛着，精神分析との融合
岡野憲一郎著
解離研究の最前線を俯瞰し臨床に生かす

恥と自己愛トラウマ──あいまいな加害者が生む病理
岡野憲一郎著
現代社会に様々な問題を引き起こす恥の威力

脳から見える心──臨床心理に生かす脳科学
岡野憲一郎著
脳の仕組みを知って他者の痛みを知るために

解離性障害──多重人格の理解と治療
岡野憲一郎著
解離という複雑多岐な現象を深く広くバランス良く考察する